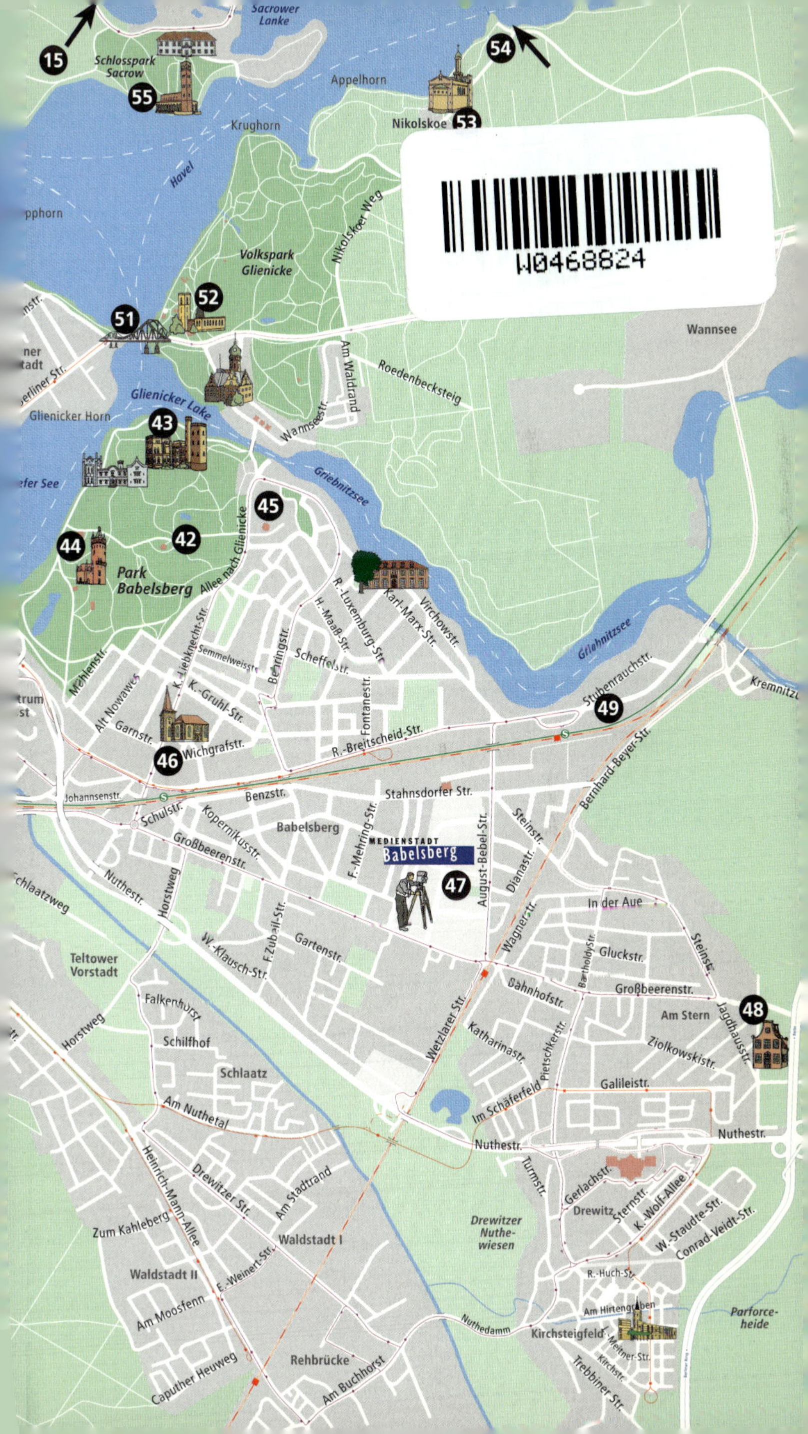
Sacrower Lanke
Schlosspark Sacrow
15
55
Appelhorn
54
Nikolskoe
53
Krughorn
Havel
Volkspark Glienicke
Nikolskoer Weg
52
51
Wannsee
Am Waldrand
Roedenbecksteig
Glienicker Lake
Glienicker Horn
Wannseestr.
43
Griebnitzsee
45
42
44
Park Babelsberg
Allee nach Glienicke
R.-Luxemburg-Str.
H.-Maaß-Str.
Karl-Marx-Str.
Virchowstr.
Griebnitzsee
K.-Liebknecht-Str.
Semmelweisstr.
Bergstr.
Scheffelstr.
Fontanestr.
Mühlenstr.
Alt Nowawes
K.-Gruhl-Str.
Stubenrauchstr.
49
Kremnitzu
Garnstr.
Wichgrafstr.
46
R.-Breitscheid-Str.
Bernhard-Beyer-Str.
Johannsenstr.
Benzstr.
Stahnsdorfer Str.
Schulstr.
Kopernikusstr.
Babelsberg
F.-Mehring-Str.
Medienstadt Babelsberg
August-Bebel-Str.
Steinstr.
Großbeerenstr.
Dianastr.
47
Nuthestr.
Horstweg
Schlaatzweg
F.-Zubeil-Str.
In der Aue
Wagnerstr.
W.-Klausch-Str.
Gartenstr.
Bartholdystr.
Glückstr.
Steinstr.
Teltower Vorstadt
Bahnhofstr.
Großbeerenstr.
48
Am Stern
Jagdhausstr.
Falkenhorst
Wetzlarer Str.
Katharinastr.
Pietschkerstr.
Ziolkowskistr.
Horstweg
Schilfhof
Schlaatz
Im Schäferfeld
Galileistr.
Am Nuthetal
Nuthestr.
Nuthestr.
Heinrich-Mann-Allee
Drewitzer Str.
Am Stadtrand
Turmstr.
Gerlachstr.
Drewitz
Sternstr.
K.-Wolf-Allee
W.-Staudte-Str.
Conrad-Veidt-Str.
Zum Kahleberg
Waldstadt I
Drewitzer Nuthewiesen
Waldstadt II
E.-Weinert-Str.
R.-Huch-Str.
Am Moosfenn
Nuthedamm
Am Hirtengraben
Kirchsteigfeld
L.-Meitner-Str.
Kirchstr.
Parforceheide
Rehbrücke
Caputher Heuweg
Am Buchhorst
Trebbiner Str.

Potsdam Kompakt

Museen
Schlösser
Gärten & Parks
Kirchen & Gedenkstätten

Danke

Stiftung Preußische Schlösser und Gärten Berlin-Brandenburg: Prof. Dr. Hans-Joachim Giersberg, Dr. Christoph Martin Vogtherr, Gerd Streidt und vor allem an die Kunsthistorikerin Silke Herz.

Potsdam Tourismus GmbH/ Stadt Potsdam	**17**
Berliner Morgenpost	245
Exklusiv Tourismus GmbH Potsdam	93
Museums-Journal, Museumspädagogischer Dienst Berlin	263
Gartenpraxis, Eugen Ullmer GmbH & Co	
The Museum Company	249
Hotel am Luisenplatz	22
relaxa Schlosshotel Cecilienhof	186
Best Western Parkhotel Potsdam	255
Hotel am Jägertor	256
Biosphäre Potsdam	19, 258/259
Gleis 6, Die freundliche Kneipe, Potsdam	186
Ristorante zum Starstecher, Potsdam	186
Mövenpick Restaurant Zur Historischen Mühle Sanssouci	248
Foerster Stauden GmbH, Potsdam-Bornim	260
Horst Kruse & Sohn	261

Der Verlag hat die Anzeigen für Porticus, Monumente und Kulturstiftung Dessau-Wörlitz kostenlos geschaltet.

L&H Verlag

Potsdam Kompakt

Museen
Schlösser
Gärten & Parks
Kirchen & Gedenkstätten

Silke Herz

L&H Verlag

Impressum

Mit freundlicher Unterstützung der Stadt Potsdam und der Stiftung Preußische Schlösser und Gärten Berlin-Brandenburg

Deichstraße 27, D-20459 Hamburg
Fon 040 - 32 08 68 92, Fax 040 - 32 08 68 94
lh-verlag@t-online.de
Internet: http://www.lh-verlag.de
ISDN: 040 - 37 50 12 14

Idee, Struktur, Konzept, Redaktion: Wolfgang Henkel, L&H Verlag
Assistenz: Inken Broocks M.A., L&H Verlag,
Texte und Konzept: Silke Herz M.A.
Grafik: Kerstin Wendel, Hamburg
Karten: L&H Verlag/ kontur Berlin
Fotos: siehe Seite 244
Druck: Heenemann, Berlin

Die Deutsche Bibliothek, CIP-Einheitsaufnahme
Herz, Silke: Potsdam kompakt : Museen, Schlösser, Gärten und Parks, Kirchen und Gedenkstätten ; Park Sanssouci, Stadt Potsdam / Silke Herz. - Hamburg : L-und-H-Verl., 2001

ISBN 3 928119-66-4
2. Auflage 2001

Umzug der Langen Kerls

Inhalt

Bitte beachten Sie unsere Hotelempfehlungen. Alle Hotels, die sich in diesem Buch vorstellen, befinden sich in sehr guter Lage zu den Schlössern und Gärten:

- *Schlosshotel Cecilienhof*
- *Best Western Parkhotel Potsdam*
- *Hotel Am Jägertor*
- *Hotel am Luisenplatz*

So nutzen Sie dieses Buch

Das Buch gliedert sich in fünf geografische Bereiche

- **Innenstadt**
- **Sanssouci**
- **Neuer Garten, Pfingstberg und Nauener Vorstadt**
- **Babelsberg und Teltower Vorstadt**
- **Umgebung**

Innerhalb dieser Bereiche sind die einzelnen Objekte geografisch gegliedert. Das heißt: die zusammen liegenden Ziffern liegen auch immer am nächsten. Alle Museen, Schlösser und Gärten sind im Karten- und Textteil mit einer Nummer versehen. So sind Sie schnell in der Lage, Ihr Museum zu lokalisieren. Zu den Preisen: Die Redaktion hat bewußt auf die Nennung der Eintrittspreise verzichtet. Bitte informieren Sie sich im Bedarfsfall direkt vor Ort.

✉ Museumsanschrift
✆ Telefon
Fax
Internet- bzw. e-mail-Adresse
Leiterin bzw. Leiter
Öffnungszeiten
Verkehrsverbindung mit öffentlichen Verkehrsmitteln
H Haltestelle
Verkehrsverbindung mit Pkw
P Parkmöglichkeiten
♿ Behindertengerecht
☞ Hinweise zu Führungen
Bibliothek
♡ Förderverein

Numerisches Register

Alphabetisches Register

Zur Rettung von Baudenkmälern in den neuen Bundesländern sammeln die Stiftung Denkmalschutz und HÖRZU gemeinsam Geldspenden. Diesmal für:

POTSDAM

Kaiserbahnhof

Foto: DSD

„Reisekaiser“ wurde er genannt, weil er während seiner 20-jährigen Amtszeit meist nur drei Monate im Jahr zu Hause blieb. Und kess sangen die Berliner „Heil Dir im Sonderzug“ statt „Heil Dir im Siegerkranz“: Kaiser Wilhelm II., der nur für sich, seine Familie und die Staatsgäste den Potsdamer „Kaiserbahnhof Wildpark“ erbauen ließ, drei Minuten Fußweg vom Neuen Palais im Park von Sanssouci. Denn selbstverständlich verbot es sich für seine Majestät, der über einen luxuriös ausgestatteten Hofzug verfügte, gemeinsam mit normalen Bürgern auf einem ordinären Bahnsteig zu stehen.

Wilhelm II., schon als Knabe ein glühender Anhänger der Technik, insbesondere der Eisenbahn, beauftragte 1904 den Hofarchitekten Ernst Eberhard Ihne (1848–1917) mit dem Bau des Bahnhofs. Weil Ihne – wie der Preußenkaiser auch – die feine, britische Lebensart liebte, errichtete er die Station im verschachtelten Stil englischer Landhäuser mit unterschiedlich hohen Dächern und Giebeln. Vielgliedrige, in Sandstein gefasste Sprossenfenster sorgten für die Unterteilung der Ziegelsteinfassaden. Da das 1909 eingeweihte Gebäude so ganz dem Geschmack des Kaisers entsprach, wurde der Architekt in den Adelsstand erhoben.

Stolz empfing Wilhelm II. auf seinem Potsdamer Bahnhof später den amerikanischen Präsidenten Theodore Roosevelt, Zar Nikolaus II. von Russland oder den Zar von Bulgarien. Und in einer kalten Novembernacht 1918 bestieg Kaiserin Auguste Viktoria heimlich den Hofzug, um ihrem Gemahl ins niederländische Exil nach Doorn zu folgen... *pet*

HÖRZU 11: Ziesar – Burgkapelle

DEUTSCHE STIFTUNG DENKMALSCHUTZ HÖRZU

Für alle, die helfen wollen:
Deutsche Stiftung Denkmalschutz, Spendenkonto 55 555,
Dresdner Bank Köln, Bankleitzahl 370 800 40

EIN EREIGNIS

Mark zu gewinnen 2. Folge

oder auf einer Postkarte (bitte weder Fax noch E-Mail): **Redaktion HÖRZU, Kennwort: Super 2, 20549 Hamburg.** Teilnahme-/Anrufschluss ist der 23. Februar 2001. Der Gewinner wird durch Los bestimmt und schriftlich be nachrichtigt. Der Rechtsweg is ausgeschlossen. Mitarbeiter de Axel Springer Verlag AG dürfe nicht teilnehmen. Auflösung i Heft 11.

Im Park Sanssouci

Biosphäre Potsdam.

Beachten Sie bitte unseren Tipp auf Seite 258

Ein Gesamtkunstwerk und das andere Potsdam

Die Potsdamer Museumslandschaft steht meist im Schatten Berlins. Mit Potsdam werden vor allem die preußischen Königsschlösser verbunden, und hier an erster Stelle das Weinbergschloss Sanssouci, dessen Mythos weit ausstrahlt. Die Stiftung Preußische Schlösser und Gärten Berlin-Brandenburg pflegt als größte museale Einrichtung der Stadt das höfische Erbe Potsdams und steht für das Gesamtkunstwerk der Schlösser und Parks, das heute als „Weltkulturerbe" unter dem besonderen Schutz der UNESCO steht. In Ihren Aufgabenbereich fallen viele der architektonischen und gartenkünstlerischen Denkmäler, auf denen der Ruf und die Bedeutung Potsdams als Kunststadt beruht.

Weitere Museen knüpfen an andere Traditionslinien an. So stellt das Potsdam-Museum mit seinen zahlreichen Dependancen das bürgerliche Leben der Residenz- und Garnisonstadt dar, das Filmmuseum und der Filmpark Babelsberg dokumentieren die Geschichte der Babelsberger Filmindustrie.

Dieses Buch berücksichtigt die vielen Aspekte der Stadt. Es führt sachkundig zu den Schlössern, Pavillons, Parks und Anlagen der preußischen Könige, und möchte gleichzeitig Appetit machen auf das andere Potsdam jenseits des Hofes. Mit ihm entdeckt man das Kindertagesstätten-Museum und das Zinnfigurenkabinett ebenso wie das Egon-von-Kamecke-Museum. Auch die Potsdamer werden hier noch Neues finden können. Gleichzeitig schließt dieses Buch die Erinnerung an die Geschichte Potsdams nach 1918 mit ein: die Ausstellung zum 20. Juni 1944, die Geschichte der Glienicker Brücke und das KGB-Gefängnis. Wer sich mit diesem Leitfaden auf den Weg macht, wird eine reiche und widersprüchliche Geschichte entdecken und gleichzeitig immer wieder auf die Idee und die Schönheiten der Lennéschen „Insel Potsdam" hingewiesen, die bis heute den Zauber des Ortes ausmacht. Dazu laden wir alle Besucher der Stadt herzlich ein.

Prof. Dr. Hans-Joachim Giersberg
Stiftung Preußische Schlösser und Gärten Berlin-Brandenburg

Schloss Sanssouci, Holzschnitzerei im Voltairezimmer

AM LUISENPLATZ

Blumenmarkt im Holländischen Viertel

Einführung zur Geschichte Potsdams

Erstmals wurde hier 993 urkundlich eine Siedlung mit dem Namen Potztupimi erwähnt. 1345 bekam der Ort Stadtrecht. Bedeutung erlangte Potsdam aber erst seit dem 17. Jahrhundert als Residenzstadt und Garnisonstadt sowie im 20. Jahrhundert als Filmstadt.

Als zweite Hauptresidenz der Hohenzollern neben Berlin wurde Potsdam bis ins 20. Jahrhundert mit Schlössern, Palais, Aussichtspunkten und Gartenanlagen geschmückt. Die Entwicklung der Bürgerstadt ist eng verbunden mit der seit 1713 in Potsdam stationierten Garnison.

Friedrich Wilhelm, der Große Kurfürst
***1620, Regierungszeit 1640–1688**
Bestattet im Berliner Dom

Friedrich Wilhelm

Die Geschichte Potsdams als Residenzstadt beginnt erst mit dem Großen Kurfürsten. Er erwarb seit den fünfziger Jahren des 17. Jahrhunderts die von seinen Vorfahren verpfändete Halbinsel Potsdam zurück und wählte dieses reizvolle Land an den Havelseen zur zweiten Residenz neben Berlin. Die alte, verfallene Burg, deren älteste Bauteile auf das 13. Jahrhundert zurückgingen, ließ er zu einer großen repräsentativen vierflügeligen Schlossanlage umbauen. Um das Schloss entstanden ein Lustgarten, eine Orangerie (der spätere Marstall), eine Fasanerie und ein Kutschstall.

Friedrich Wilhelm, der in seiner Jugend vier Jahre in Holland gelebt hatte und später Louise Henriette, eine Tochter des niederländischen Statthalters, heiratete, fühlte sich der holländischen Kultur besonders verbunden. Holländische Maler und Architekten arbeiteten in Brandenburg, der holländische Klassizismus prägte seine Potsdamer Residenzbauten. Die großen Alleen von Utrecht und Den Haag waren Vorbild für die unter seiner Regierung angelegten Straßen und weitläufigen Alleen um Potsdam, ebenso wie für die Straße Unter den Linden in Berlin.

Zur Verschönerung und Kultivierung der Insel Potsdam ließ der Große Kurfürst südlich, nördlich und westlich der Residenz jeweils eine Schlossanlage errichten, die mit dem Stadtschloss durch Sichtachsen, gebildet aus Alleen und Kanälen, verbunden waren. Von den Schlössern des Großen Kurfürsten hat sich nur das südlich von Potsdam gelegene Schloss Caputh am Ufer des Templiner Sees erhalten. Das kleine Sommerschloss Bornim gibt es nicht mehr und Schloss Glienicke wurde in späteren Zeiten völlig verändert.

Bei der Gestaltung von Landschaft und Architektur wurde Friedrich Wilhelm auch von seinem Clever Statthalter Johann Moritz von Nassau-Siegen beraten, der mit der niederländischen Kultur eng verbunden war. „[...] daß gantze Eylandt mus ein paradis werden", spornte dieser den Kurfürsten in einem Brief von 1664 an.

Zur Förderung der nach dem Dreißigjährigen Krieg niederliegenden Wirtschaft holte Friedrich Wilhelm niederländische, schweizer und jüdische Kolonisten nach Brandenburg. In Potsdam konnten eine Delfter Fayence-Manufaktur und eine holländische Seidenfabrik gegründet werden. Das 1685 erlassene Edikt von Potsdam erlaubte den wegen ihres Glaubens in Frankreich verfolgten Hugenotten die Einwanderung. 20.000 Hugenotten folgten dem Ruf nach Brandenburg. Sie brachten neue Produktionstechniken mit und trugen entscheidend zum wirtschaftlichen und ökonomischen Aufschwung des Landes bei.

Schloss Caputh, Festsaal

Friedrich Wilhelm hatte ein stehendes Heer geschaffen und eine Verbrauchssteuer in Brandenburg eingeführt. So konnte er seinem Sohn ein straff geordnetes Staatswesen hinterlassen. Den Beinamen „Großer Kurfürst" erhielt er nach der siegreichen Schlacht bei Fehrbellin gegen die Schweden.

Kurfürst Friedrich III./König Friedrich I.
***1657, 1688–1713, König in Preußen seit 1701**
Bestattet im Berliner Dom

König Friedrich I.

Kurfürst Friedrich III. vergab viele Mittel zum Aufbau einer aufwendigen Hofhaltung. Ein großer diplomatischer Erfolg gelang ihm mit seiner Erhebung zum König am 18. Januar 1701. Da Westpreußen zu Polen gehörte, war sein Titel König in Preußen – erst sein Enkel Friedrich der Große konnte sich ab 1772 König von Preußen nennen. Der Name Preußen ging in den folgenden Jahren auf Brandenburg und alle deutschen Gebiete über, die in Personalunion mit Brandenburg regiert wurden.

Friedrich behielt zwar Potsdam als ständige Sommerresidenz bei, jedoch verlagerte er seinen Regierungssitz wieder nach Berlin. Er ließ mit verschwenderischen Mitteln Bauten errichten und Schlösser ausstatten, z.B. das Berliner Zeughaus Unter den Linden, Erweiterungen und Umgestaltungen der Schlösser in Berlin, Potsdam, Oranienburg und Schönhausen sowie das Schloss seiner Frau Sophie Charlotte in Charlottenburg.

Die Stadt Potsdam erlebte nur wenige Veränderungen unter seiner Regierung. So wurde eine direkte Straßenverbindung zwischen Berlin und Potsdam, die heutige Berliner Straße, angelegt. An herausragender Architektur entstand von Jan de Bodt das Fortuna-Portal, das dem Alten Markt zugewandte Hauptportal des Potsdamer Stadtschlosses.

Um Berlin zu einer glänzenden Residenz auszubauen, berief Friedrich I. Künstler von Rang an seinen Hof, darunter den Architekten und Bildhauer Andreas Schlüter und den französischen Maler Antoine Pesne, der bis zu seinem Tod 1755 in Berlin blieb und auch für den Soldatenkönig und Friedrich den Großen arbeitete.

Friedrich Wilhelm I., der Soldatenkönig
*1688, 1713–1740

Seit 1991 bestattet im Mausoleum an der Friedenskirche in Potsdam

Friedrich Wilhelm I.

Eine neue Ära für die Stadt brach 1713 mit der Regierungsübernahme Friedrich Wilhelms I. an – die einer Garnisonstadt. Die Lebensweise Friedrich Wilhelms I. war spartanisch. Er war sparsam und lehnte den höfischen Prunk, die Machtrepräsentation und die üppige Hofhaltung seines Vaters Friedrich ab. Die Unterhaltung der zahlreichen Lustschlösser seines Vaters erachtete er als zu aufwendig. Schlösser, die er nicht bewohnte, verkaufte er oder ließ sie verfallen. Dieser König hatte andere Vorlieben. Neben der Parforcejagd, für die er in Wusterhausen und Potsdam weitläufige Tiergärten anlegen ließ, galt seine große Leidenschaft der Armee, was ihm den Beinamen Soldatenkönig einbrachte. Er erweiterte das stehende Heer auf 83.000 Mann. Zu den Soldaten Friedrich Wilhelms I. zählte auch die berühmte Elitetruppe der Langen Kerls, die, ebenso wie die anderen Teile der Streitmacht, unter seiner Herrschaft in keine bedeutende Schlacht ziehen musste.

Zu den Gewohnheiten des Königs gehörten neben dem Tragen des Waffenrocks, in den er sich als erster preußischer König täglich

Holländisches Viertel

kleidete, auch die abendlichen Tabakkollegien. Die geladenen Herren trafen sich mit dem König in dazu besonders eingerichteten Räumen im Stadtschloss Berlin oder Potsdam und das Rauchen aus der Meerschaumpfeife war für jeden Teilnehmer Pflicht.

Der Charakter Potsdams wandelte sich in den einer Garnisonstadt. Neben der Nikolaikirche und der Heilig-Geist-Kirche baute der König speziell für seine Soldaten die Garnisonkirche. Für Kriegswaisen stiftete er das große Militärwaisenhaus. Der Lustgarten des Potsdamer Stadtschlosses wurde kurzerhand in einen Exerzierplatz verwandelt, und die Pferde bekamen ihren Stall in der ursprünglichen Orangerie.

Der König begünstigte die Stadtentwicklung Potsdams, um immer größere Truppenteile stationieren zu können. Zahlreiche neue Manufakturen entstanden. Zu den wichtigsten zählten die Potsdamer Tuchmacher und die 1722 von Gottfried Adolf Daum und David Splitgerber gegründete Gewehrfabrik. Die Einwohnerzahl Potsdams wuchs zwischen 1713 und 1740 von etwa 1.500 um das achtfache auf ca. 12.000 an – die Soldaten nicht mitgerechnet. Fast 1.000 neue Häuser entstanden. Die alte Stadtfläche wurde zu klein und musste zweimal erweitert werden. Wegen des morastigen Geländes erwies sich der Aufbau der Potsdamer Neustadt als schwierig. Deshalb wurden neben einheimischen Handwerkern und Soldaten dazu auch ausländische Fachleute herangezogen. Friedrich Wilhelm I. bemühte sich besonders um die Ansiedlung holländischer Handwerkerfamilien, um damit Gewerbe und Handwerk zu fördern. Für sie ließ er sogar ein Viertel im holländischen Baustil als Teil der zweiten großen Stadterweiterung anlegen. Die holländische Architektur hatte der König bereits 1700 und im Winter 1704/05 als Kronprinz kennen gelernt und schätzte sie sehr, ebenso wie den einfachen bürgerlichen Lebensstil.

Das kleine Jagdschloss Stern war das einzige Schloss, das Friedrich Wilhelm I. sich gönnte, eine praktische Unterkunft am Rande Potsdams für seine geliebten Parforcejagden. Es ähnelt eher einem holländischen Reihenhaus als einem Schloss. Den Sommerspeisesaal im Schloss Caputh ließ er mit holländischen Fayencefliesen ausstatten.

Friedrich II., Friedrich der Große
***1712, 1740-1786**
Seit 1991 bestattet auf der Terrasse von Schloss Sanssouci

Friedrich II.

Bei seinem Regierungsantritt als 28-jähriger, junger Mann übernahm Friedrich II. geordnete Finanzen und eine gut ausgebildete Armee, mit der er noch im gleichen Jahr Schlesien eroberte. Friedrich konzentrierte sich vorerst auf die Außenpolitik, den Aufstieg Preußens zur europäischen Großmacht, und auf die Vergrößerung des Heeres. Bei seinem Tode 1786 besaß die Armee eine Stärke von 110.000 preußischen und 80.000 nicht-preußischen Soldaten, obwohl allein der Siebenjährige Krieg 180.000 Männern das Leben gekostet hatte. Potsdam blieb wichtigste Garnisonstadt Preußens. Lediglich die Grenadiergarde der „Langen Kerls" löste der junge König auf.

Innerhalb des Landes förderte Friedrich den Merkantilismus. Der König unterstützte besonders moderne Industriebetriebe wie die Porzellanmanufaktur sowie die Woll- und Seidenindustrie. Für die Zucht der Seidenraupen wurde bei Potsdam an der Glienicker Lake eine Plantage angelegt. Nowawes, die Siedlung der böhmischen Weber südlich von Potsdam (heute im Ortsteil Babelsberg), ist eins der 800 von Friedrich in Preußen neu gegründeten Dörfer für Kolonisten aus Österreich, Schwaben und der Pfalz. Sparsame Wirtschaftsführung, die Akzise- und Zollverwaltung nach französischem Vorbild und staatliche Monopole, z. B. auf Getreide, Tabak und Kaffee, unterstützten die Stabilisierung der Wirtschaft nach den drei Schlesischen Kriegen.

Musikzimmer im Schloss Sanssouci

Nachdem Friedrich zunächst seine Residenz in Charlottenburg wählte, entschied er sich 1744 endgültig für Potsdam. Den Um- und Ausbau des Potsdamer Stadtschlosses als Winterresidenz und das Weinbergschloss Sanssouci als Sommersitz ließ er gleichzeitig ausführen. Beide Projekte bekam der Architekt und Maler Georg Wenzeslaus von Knobelsdorff übertragen, der bereits den Amaltheagarten in Neuruppin mit seinem kleinen Rundtempel angelegt und den Umbau des Rheinsberger Schlosses geleitet hatte, als Friedrich noch Kronprinz war. Obwohl beide seit ihrer Jugend eine enge Freundschaft verband, blieb das Verhältnis nicht ohne Spannungen: Einerseits ging Friedrich die Ausführung eines Baus niemals schnell genug, andererseits ließ er keine künstlerischen Freiheiten zu. In ungelenken eigenhändigen Federzeichnungen gab er seinen Architekten äußerst konkrete Vorgaben für den Entwurf seiner Schlösser sowie für die Fassaden Potsdamer Bürgerhäuser.

Flötenspiel, Bücher und die Tafelrunden von Sanssouci mit Voltaire, der nahezu drei Jahre in Potsdam blieb, Maupertuis und anderen französischen Philosophen prägten den persönlichen Lebensstil Friedrichs. In seinem noch als Kronprinz verfassten, berühmten „Antimacchiavell" veröffentlichte er eine dem philosophischen Aufklärungsideal verpflichtete Auffassung vom Absolutismus, der er aber selbst mit seiner persönlichen Kabinettsregierung nicht folgte. Friedrich orientierte sich der damaligen Mode entsprechend an französischer Kultur, las und sprach französisch. Er sammelte französische Gemälde von Antoine Watteau, Lancret und Pater, ließ die Möbel seiner Schlösser von einheimischen Künstlern nach französischen Stücken arbeiten und informierte sich als junger Mann über die Vorbilder seiner Residenzen in Frankreich.

In der Außenarchitektur wandte er sich Italien zu. Besonders der Einfluss des englischen Palladianismus – ein in England aufgekommener Klassizismus, der auf den oberitalienischen Architekten Andrea Palladio zurückging – ist in Potsdamer Fassaden deutlich.

Nach der Vollendung von Schloss Sanssouci begann Friedrich Potsdam zu einer repräsentativen königlichen Residenz auszubauen. 621 Wohnhäuser, 29 Manufakturen und 99 Kasernen entstanden unter seinem Zepter in Potsdam neu. Nikolaikirche, Rathaus, Predigerhaus und Bürgerhäuser bekamen Schaufassaden im Stil italienischer Bauten des 16. und 17. Jahrhunderts.

Als 1758 seine geliebte Schwester, die Markgräfin Wilhelmine von Bayreuth, starb, kamen viele Künstler des Bayreuther Hofes nach Potsdam und Berlin, darunter die Architekten Carl von Gontard und Georg Christian Unger, die Bildhauerbrüder Räntz und die Tischlerbrüder Spindler. Sie arbeiteten an der Architektur und Ausstattung der späteren Bauten Friedrichs II. im Park Sanssouci: dem Ausbau der Neuen Kammern, dem Neuen Palais, dem Belvedere auf dem Klausberg. Als der König 1786 im Schloss Sanssouci starb, war Sanssouci zu einem ausgedehnten Ensemble von Parkanlagen, Schlössern und Gartenbauten gewachsen.

Friedrich Wilhelm II.
***1744, 1786–1797**
Bestattet im Berliner Dom

Friedrich Wilhelm II.

Friedrich II. blieb kinderlos und bestimmte den ältesten Sohn seines Bruders August Wilhelm zum Thronfolger. Unter Friedrich Wilhelm II. setzte sich der Klassizismus in Preußen durch. Im Gegensatz zu seinem königlichen Onkel sprach und las er deutsch und förderte die Pflege der deutschen Sprache durch die Umwandlung des Französischen Komödienhauses am Berliner Gendarmenmarkt in das Deutsche Nationaltheater. Auch Friedrich Wilhelm musizierte im Kreise seiner Hofmusiker. Er spielte leidenschaftlich Bratsche und Cello.

Gotische Bibliothek im Neuen Garten

Friedrich Wilhelm II. brachte die Energie für den aufwendigen Regierungsstil seines Onkels, der mit seinen Kabinettsräten die Staatsgeschäfte selbst bearbeitete, nicht auf. Die dringend notwendigen Verwaltungsreformen führte der König nur ansatzweise durch. In kurzer Zeit ging daher ein großer Teil der Regierungsgeschäfte auf wenige Staatsminister über. Seine Mätressen und Gattinnen „zur linken Hand", darunter die dauerhafte Verbindung mit der Dessauer Hofmusikerstochter Wilhelmine Encke, der späteren Gräfin Lichtenau, brachten ihm den Spottnamen „der Vielgeliebte" ein.

Nach dem Thronwechsel 1786 erfolgte ein abrupter Stilwandel in der preußischen Kunst. Friedrich Wilhelm II. kannte aus seiner Zeit als Thronfolger Dessau und Wörlitz mit ihren klassizistischen Bauten und englischen Landschaftsparks. Unmittelbar nach Regierungsantritt holte er im Herbst 1786 den Dessauer Gartenarchitekten Friedrich Wilhelm von Erdmannsdorff als Berater in Fragen der Kunst und des Geschmacks nach Brandenburg. Erdmannsdorff gestaltete das verwohnte Arbeits- und Schlafzimmer Friedrichs des Großen im Schloss Sanssouci neu. Nach Wörlitzer Vorbild ließ Friedrich Wilhelm II. einen englischen Landschaftsgarten in Potsdam anlegen: Der Neue Garten ist nach Sanssouci die zweite große Potsdamer Parkanlage. Aus Breslau berief der König Karl Gotthard Langhans, der in Potsdam die Innenarchitektur des Marmorpalais entwarf und in Berlin das Brandenburger Tor. Der König kaufte die Pfaueninsel und ließ sie als sentimentalen Landschaftspark gestalten. Mit Gottfried Schadow, der 1788 zum Leiter der Hofbildhauerwerkstatt berufen wurde, vollzog sich in der Berliner Bildhauerkunst der Stilwandel zum Frühklassizismus.

Friedrich Wilhelm III.
*** 1770, 1797–1840**

Bestattet im Mausoleum Berlin-Charlottenburg

Friedrich Wilhelm III. war sparsam und bevorzugte einen bürgerlich-schlichten Lebenswandel. In seine 43 Jahre lange Regierungszeit fiel die Besetzung Preußens durch Napoleon (1806-1813), die weitgreifenden Reformpläne der Minister Karl Freiherr von Stein und Karl August von Hardenberg nach den Sozialvorstellungen der französischen Revolution, die Befreiungskriege, die Eingliederung der Rheinprovinzen an Preußen, die Industrialisierung Preußens und der Aufstieg Berlins zur Metropole. Die erste preußische Eisenbahnstrecke wurde 1837 zwischen Berlin und Potsdam eingerichtet.

Friedrich Wilhelm III.

Potsdam gehörte, obwohl der König mit seiner Familie mehrmals im Schloss Sanssouci wohnte, nicht zu seinen bevorzugten Sommerresidenzen. Das kronprinzliche Paar hatte 1795 das nur zwei Meilen von Potsdam entfernte Gut Paretz erworben, das es bis 1797 unter Beibehaltung des Wirtschaftsbetriebes vom Architekten David Gilly zum kronprinzlichen Sommersitz umwandeln ließ. Bis 1805 verlebte dort Friedrich Wilhelm III. mit seiner Familie alljährlich sechs Spätsommerwochen. Sonst nutzte der König bevorzugt Schloss und Park der nahe Berlin gelegenen Pfaueninsel, die noch unter Friedrich Wilhelm II. gestaltet und bebaut wurde. Seine Söhne Friedrich Wilhelm (IV.), Wilhelm (I.) und Carl erhielten in Potsdam die neuen Sommerresidenzen Charlottenhof, Babelsberg und Glienicke, deren Architekturen maßgeblich auf Karl Friedrich Schinkel und deren Gärten auf Peter Joseph Lenné zurückgehen.

Karl Friedrich Schinkel wurde der bedeutendste Architekt der Regierungszeit Friedrich Wilhelms III. Er entwarf für Potsdam Schlösser, Bürgerhäuser, Militärbauten und die Nikolaikirche. 1816 berief der König den rheinländischen Hofgärtner Peter Joseph Lenné nach Potsdam, der sich in Paris, München und Wien in der Gestaltung des neuen Landschaftsgartens geschult hatte. Nach seiner 1822 erfolgten Studienreise durch England wurde er zum Königlichen Gartendirektor, später zum Generalgartendirektor ernannt. Durch Anregung des Kronprinzen und späteren Königs Friedrich Wilhelm (IV.)

Gedächtniskirche Alexander Newski

und in enger Zusammenarbeit mit Karl Friedrich Schinkel gestaltete Lenné alle Potsdamer Gärten: die Überarbeitung des Rehgartens in Sanssouci und des Neuen Gartens, die Anlage der Parks von Charlottenhof, Glienicke und Babelsberg, des Paradiesgartens, des Marlygartens an der Friedenskirche, des Nordischen und Sizilianischen Gartens in Sanssouci südlich des Orangerieschlosses, die Neugestaltung des Ruinenberges, des Pfingstberges, des Geländes um Nikolskoe und Sacrow. Das gesamte Landschaftsbild des Potsdamer Umlandes hatte Lenné in seine Gestaltung einbezogen und durch seinen „Verschönerungsplan" geprägt.

Als 1817 die älteste Tochter des Königs, Charlotte, den russischen Thronfolger, den späteren Zaren Nikolaus I., heiratete, intensivierten sich die kulturellen Beziehungen zwischen Preußen und Russland. Davon zeugen in den Potsdamer Schlössern die russische Siedlung Alexandrowka, das russische Blockhaus und die Kirche von Nikolskoe sowie zahlreiche Geschenke aus Russland, vor allem Steinschneidearbeiten.

Friedrich Wilhelm IV.
*1795, 1840–1861

Bestattet in der Friedenskirche Potsdam

Potsdam in seiner heutigen Gestalt ist ein maßgebliches Werk Friedrich Wilhelms IV. Als leidenschaftlicher Hobbyarchitekt beeinflusste er bereits als Kronprinz entscheidend den Entwurf von Schloss und Park Charlottenhof. Mit der Unterstützung von Schinkel, Persius, Stüler und Lenné wandelte er Potsdam in ein gärtnerisches und architektonisches Gesamtkunstwerk um. Nicht nur in Potsdam und seinen Parks wurden Gebäude umgebaut und neu errichtet, auch in den

Friedrich Wilhelm IV.

Außenbezirken der Stadt wurde Gelände erworben und künstlerisch überformt. Unter Anleitung Friedrich Wilhelms IV. wurde beispielsweise die Sacrower Heilandskirche, die Kirche in Bornstedt, aber auch die Caputher Kirche erbaut. Einige Projekte, wie das Belvedere auf dem Pfingstberg oder die Triumphstraße im Park Sanssouci, sind nur Teile von groß angelegten Entwürfen, die nicht komplett ausgeführt wurden. Zeit seines Lebens zog es Friedrich Wilhelm IV. nach Italien. Von der Sehnsucht nach dem mediterra-

Dampfmaschinenhaus (Moschee)

nen Land zeugen seine bevorzugten Architekturen, die fast ausnahmslos südländisch anmutende Baukomplexe sind.

Der König zog bedeutende Männer wie Schelling, Tieck, Cornelius nach Berlin; die Brüder Grimm wirkten in der Preußischen Akademie der Wissenschaften, Alexander von Humboldt war ein persönlicher Freund. Die politischen Umwälzungen verlangten dem König allerdings neben seiner Phantasie und musischen Begabung auch Eigenschaften ab, die er nicht besaß. Friedrich Wilhelm IV., der im Alter von 45 Jahren erst sehr spät an die Regierung gekommen war, galt als weich und unentschlossen. So konnte er nicht verhindern, dass die Revolution 1848 auch Preußen erfasste. Trotz seiner grundsätzlich ablehnenden Haltung gegenüber einer Verfassung konnte er die Macht der Hohenzollern schließlich nur durch die Akzeptanz einer konstitutionellen Monarchie retten, die bis 1918 Gültigkeit behalten sollte. Die Kaiserwürde, die ihm 1849 von der Frankfurter Nationalversammlung angetragen wurde, schlug er aus, da er sich als König von Gottes Gnaden fühlte und nicht als Volkskaiser agieren wollte. Versuche, durch Unionspolitik einen deutschen Bundesstaat zu schaffen, scheiterten an der drohenden militärischen Auseinandersetzung mit Russland und Österreich. Der König zog den Frieden einem Prestigeverlust vor, eine Haltung, die verschieden beurteilt worden ist. Er erlitt 1857 einen Schlaganfall und musste die Regierung an seinen Bruder Wilhelm abgeben.

Die Kaiserzeit 1871-1918

Wilhelm I.
***1797, 1858-1888, seit 1858 Regent, 1861 König, 1871 Deutscher Kaiser**

Bestattet im Mausoleum Berlin-Charlottenburg

Friedrich III.
***1831, 1888**

Bestattet im Mausoleum an der Friedenskirche Potsdam

Wilhelm II.
***1858, 1888–1918, + 1941**

Bestattet am Huis Doorn, Niederlande

Wilhelm II.

Die Übernahme der Regierung durch Wilhelm I. rückte Schloss Babelsberg in den Mittelpunkt der Residenz. Hier wurde nach einer Unterredung mit dem König am 22. September 1862 Otto Graf von Bismark zum preußischen Ministerpräsidenten ernannt, der über die Kriege von 1864, 1866 und 1870/71 die deutsche Reichseinheit unter Ausschluss Österreichs erzwang. Für Potsdam begann 1871 eine neue Ära, die Stadt stieg zur kaiserlichen Residenz auf. Nun wurde Potsdam aber auch ein wichtiges administratives Zentrum.

Die Zeit der großen Bauprojekte der Regenten war vorbei. Alle drei Kaiser nutzten die vorhandenen Schlösser als Sommerwohnung und zur Repräsentation. Das Neue Palais wurde von Friedrich III. und Wilhelm II. bewohnt und ein Teil der Räume ihrem Geschmack angepasst. Bis auf Schloss Cecilienhof, dem letzten Bauprojekt der Hohenzollern, entstanden in Potsdam keine neuen Schlösser mehr.

Die Stadt entwickelte sich zur Beamten- und Wohnstadt, zumal die Hofhaltung und der Schutz der Parkanlagen die industrielle Entwicklung begrenzten. Kleinbetriebe, die vor allem auf Dienstleistungen und Gewerbe für den Hofstaat und die Armee ausgerichtet waren, Handel und Bauwesen waren die wichtigen Wirtschaftszweige der Stadt.

Die Potsdamer Bevölkerung wuchs von knapp 42.000 (1861) auf nahezu 60.000 (1900) Einwohner, darunter über 8.500 Militärangehörige. Der immer weiteren Ausdehnung des Stadtgebietes fiel die Stadtmauer des 18. Jahrhunderts zum Opfer. Ausgedehnte reizvolle Villenviertel entstanden an der Peripherie der Stadt in der Jägervorstadt, der Nauener, Berliner und Teltower Vorstadt und in Neubabelsberg. Neue großartige Militär- und Verwaltungsbauten begannen das Bild der Stadt zu verändern. Zu den repräsentativsten Neubauten der Kaiserzeit zählen Verwaltungsgebäude in der Friedrich-Ebert-Straße (Nr. 32, 67, 79/81), das St. Josephs-Krankenhaus, die Synagoge am Wilhelmsplatz (im Novemberpogrom zerstört), die Peter und Paulskirche auf dem Bassinplatz und die aus roten Backsteinen erbaute ehemalige Kriegsschule auf dem Brauhausberg in Babelsberg (heute Sitz des Landtages). Mit der Errichtung des Großen Refraktors und den wissenschaftlichen Laboratorien auf dem Telegraphenberg wurde eines der modernsten astrophysikalischen Institute geschaffen.

Auch als Garnisonstadt wurde Potsdam weiterhin ausgebaut. Neue Regimenter wie das 3. Garde-Ulanen-Regiment, die Maschinengewehrabteilung der Gardejäger und das 4. Garde-Feldartillerie-Regiment wurden stationiert.

Nun wurde die Stadt auch als touristisches Ziel entdeckt. Zunächst zogen glanzvolle Militärparaden, die kaiserliche Hofhaltung und fürstliche Empfänge Besucher in die Stadt. Es wurde sogar 1903 eine regelmäßige Schiffslinie für Ausflügler zwischen Berlin-Tiergarten und Potsdam eingerichtet.

Kaiserbahnhof

1918–1945

Am Ende des Ersten Weltkrieges, am 9. November 1918, dankte Wilhelm II. ab und entschied sich, im holländischen Exil zu bleiben, wohin ihm zur Einrichtung von Huis Doorn 1919 und 1920 noch 51 Eisenbahnwaggons mit Kunstwerken, Mobiliar und persönlichen Erinnerungsstücken aus Potsdamer und Berliner Schlössern mit Erlaubnis der deutschen Regierung nachgesandt wurden. Die preußischen Volksbeauftragten beschlossen die Beschlagnahme des preußischen Kronfideikommissvermögens, zu dem 80 Schlösser, Burgen und Villen in allen Teilen Deutschlands gehörten.

Die meisten Potsdamer Schlösser blieben nach 1918 vorerst ungenutzt. Lediglich Schloss Cecilienhof wurde von der Familie des Kronprinzen bewohnt. Durch den 1926 verabschiedeten Vergleichsvertrag erhielten die Hohenzollern in Potsdam, neben dem Wohnrecht für drei Generationen auf Schloss Cecilienhof, das Schloss Lindstedt und mehrere Villen übereignet. 1927 wurde die Verwaltung der Staatlichen Schlösser und Gärten gegründet, der etwa 50 kunst- und kulturhistorisch bedeutende Schlösser aus dem ehemaligen Besitz der Hohenzollern in Deutschland unterstellt wurden. In Potsdam gehörten dazu das Stadtschloss mit dem Lustgarten und dem Marstall, der Park Sanssouci mit seinen Bauten, das Marmorpalais, Schloss und Park Babelsberg, das Belvedere auf dem Pfingstberg, das Belvedere auf dem Klausberg, Jagdschloss Stern sowie Schloss und Park Sacrow.

Garnisonkirche

Der Verlust des Hofstaates und die Inflation trafen die Wirtschaft Potsdams empfindlich. Durch den Bau von Stadtrandsiedlungen versuchte die Stadtverwaltung der Verarmung und Wohnungsnot entgegenzuwirken. Vor allem der standig wachsende Fremdenverkehr und Großveranstaltungen für Flugvorführungen des Luftschiffhafens förderten nun die wirtschaftliche Entwicklung.

Innerhalb kurzer Zeit avancierte Potsdam zur Großstadt, als die umliegenden Ortschaften Nedlitz, Bornstedt, Bornim, Eiche und Teile von Geltow 1935 eingemeindet wurden und im Jahre 1939 Babelsberg mit seinen Filmwerkstätten hinzukam.

Die Einwohnerzahl Postdams stieg damit erneut sprunghaft von 70.000 auf 136.000. Auch die hier stationierte Garnison wurde in den dreißiger Jahren von 2.000 (1931) auf 15.000 (1939) Soldaten vergrößert.

In den Blickpunkt des politischen Interesses geriet Potsdam wieder am 21. März 1933, als am „Tag von Potsdam" der Festakt zur Einweihung des neuen Reichstages in der Potsdamer Garnisonkirche stattfand. Am Sarg Friedrichs des Großen gelobte Adolf Hitler dem greisen Reichspräsidenten Paul von Hindenburg die preußischen Tugenden in Ehren zu halten. Die Nationalsozialisten versuchten, einen Zusammenhang ihrer Bewegung mit der preußischen Historie herzustellen. Die monarchistisch-konservative Stadt Potsdam mit ihrer Geschichte als preußische Residenz- und Garnisonstadt eignete sich für das Zelebrieren einer solchen Tradition. Nationalsozialistische Institutionen wie die Reichsführerschule, die Reichsführerschule der Hitlerjugend und die BDM-Führerinnenschule wurden in Potsdam eingerichtet. Aber auch Widerstand gegen Hitler formierte sich in Potsdam. Vor allem im traditionsreichen Infanterie-Regiment Nr. 9 und im Reichsarchiv, das in der ehemaligen Kriegsschule auf dem Brauhausberg untergebracht war, konzentrierten sich die Gegner des Nationalsozialismus. Etwa 30 Personen des Verschworerkreises um Stauffenberg planten und organisierten auch in Potsdam das Attentat und den Umsturzversuch vom 20. Juli 1944.

Als im Sommer 1940 die Fliegerangriffe auf Deutschland begannen, lagerte man einen Teil der Kunstwerke aus den Schlössern aus. Inventarstücke des Potsdamer Stadtschlosses, von Schloss Sanssouci,

Schloss Cecilienhof, Halle (Konferenzsaal)

vom Neuen Palais und vom Marmorpalais wurde im Schloss Babelsberg, in der Klosterkirche Lehnin, in Paretz, Rheinsberg und im Rittergut Kospoda ausgelagert. Am 14. April 1945, dem 200. Jahrestag der Grundsteinlegung von Schloss Sanssouci, zerstörte ein Bombenangriff große Teile der Potsdamer Altstadt und der ersten Stadterweiterung. Stadtschloss, Garnisonkirche, Nikolaikirche, Heiliggeistkirche und Hunderte architektonisch wertvoller Bürgerhäuser fielen in Trümmer. Die Parkanlagen blieben weitgehend verschont.

1945–1989

Im Juli und August 1945 war Potsdam Schauplatz der Nachkriegskonferenz der drei Siegermächte. Die Potsdamer Konferenz, auf der wichtige Entscheidungen für die Zukunft Deutschlands getroffen wurden, fand im Schloss Cecilienhof statt, da im zerstörten Berlin kein geeigneter Konferenzort vorhanden war. Preußen wurde als deutsches Staatsgebilde aufgelöst. Potsdam erhielt mit der Verwaltungsreform von 1952 den Status einer Bezirksstadt.

Der Wiederaufbau der Stadt sollte die Spuren des preußischen Geistes tilgen. Diesem Anspruch fielen die Ruinen des Stadtschlosses, der Garnison- und Heiliggeistkirche und weitere historische Bauten zum Opfer. Am Alten Markt errichtete man 1969 ein Hotelhochhaus, das heutige Hotel Mercure. Neuerbaute Plattenbauten an der Havelbucht der Brandenburger Vorstadt schaden nun leider der Stadtsilhouette. Neue Trabantenstädte entstanden im Südosten der Stadt. In den Plattenbausiedlungen Waldstadt, Schlaatz, Drewitz und Am Stern wohnt heute ein großer Teil der Potsdamer Bevölkerung. Als Bezirkshauptstadt der DDR erhielt Potsdam wieder als Verwaltungssitz Bedeutung. Hochschulen wie die Akademie für Staats- und Rechtswissenschaft und die Pädagogische Hochschule, wissenschaftliche Einrichtungen wie die Sternwarte und die Hauptwetterdienststelle, Archive, z. B. das Zentrale Staatsarchiv der DDR, Bibliotheken, Museen, Theater sowie leistungsfähige Industriebetriebe machten aus Potsdam eine „sozialistische Kultur-, Verwaltungs- und Industriestadt".

Mit dem Bau der Grenzanlagen, die zum Teil direkt durch den Neuen Garten und den Park Babelsberg verliefen, wurde die Potsdamer Kulturlandschaft geteilt und empfindlich gestört. Kleinere Gartenbauten wie die Einsiedelei im Neuen Garten wurden abgerissen, um das Gelände gut übersehen zu können. Andere Kulturdenkmäler verfielen, beispielweise die Sacrower Heilandskirche. Das Marmorpalais und Schloss Babelsberg behielten nicht ihre Ausstattung als Museumsschlösser, sondern wurden vom Armeemuseum und dem Museum für Ur- und Frühgeschichte genutzt. Dennoch blieb Potsdam, vor allem Sanssouci, weiterhin das Ziel vieler Besucher.

Ab 1989

Seit 1990 ist Potsdam Hauptstadt des Landes Brandenburg. Die Mehrzahl der Industriebetriebe wurde geschlossen, doch die Kultur-, Bildungs- und Verwaltungsfunktionen blieben der Stadt erhalten. Das Ende der DDR beschloss auch die Tätigkeit der DEFA, der einzigen Spielfilmproduktionsstätte der DDR. Heute gibt es in Babelsberg nur noch privat finanzierte Filmproduktionen.

Zahlreiche neue Museen wurden nun gegründet. Dazu zählen die Besichtigungsmöglichkeit des KGB-Gefängnisses, die Gedenkstätte in der Lindenstraße (ehemaliges Staatssicherheitsgefängnis), das Kita-Museum, das Privatmuseum des Potsdamer Zinnfigurenkabinetts und die Einrichtung der Studiotour Babelsberg.

Mit der restlosen Beseitigung der Grenzanlagen bildet die von Lenné gestaltete Landschaft um die Havelseen wieder eine Einheit. Viele Baudenkmäler, die seit dem Zweiten Weltkrieg verfallen waren oder zweckentfremdet genutzt wurden, konnten nun restauriert oder wieder aufgebaut werden. Dazu gehören der Pomonatempel, das Belvedere auf dem Klausberg, das Marmorpalais,

Park, Schloss und Kirche in Sacrow sowie die Communs gegenüber dem Neuen Palais. 1991 wurde Potsdam mit seinen Schlössern und Gärten von der UNESCO in den hohen Rang des Weltkulturerbes erhoben.

Heute hat Potsdam 129.000 Einwohner.

Die Stadt besitzt ein widersprüchliches historisches Erbe. Zum historischen Bild Potsdams gehören das Weltkulturerbe der Residenzstadt ebenso wie die Garnisonstadt, die Filmstadt ebenso wie die Spuren der sozialistischen Bezirksstadt.

Im Filmpark Babelsberg

Johann Friedrich Meyer, Blick vom Brauhausberg auf Potsdam, 1772

Premier Vuë du Chateau Royal
et de la Ville l'orangeri et anvirongs; prise de la
Montagne de la Braseri; vis a vi de Sansfouci

Stadtschloss Potsdam

Die über Jahrhunderte immer wieder erweiterte und ausgebaute Residenz der Hohenzollern wurde während des Zweiten Weltkrieges zerstört und die Ruinen 1959/60 abgetragen. Den einstigen Mittelpunkt der Kulturlandschaft Potsdam bezeichnen heute lediglich einige Hecken.

Das Stadtschloss stand am Ende der Langen Brücke auf dem Alten Markt. Heute führt die verkehrsreiche Friedrich-Ebert-Straße direkt über die Fläche, die einst das Schloss einnahm. Teile der Fassaden sind durch Heckenpflanzungen angedeutet.

An dieser Stelle stand seit dem 13. Jahrhundert eine Burg, die am Ende des 16. Jahrhunderts zu einem bescheidenen Renaissanceschloss umgebaut wurde. Als Friedrich Wilhelm, der Große Kurfürst, die Insel Potsdam erwarb und die Stadt zur zweiten Residenz neben Berlin erhob, ließ er nach holländischen Vorbildern ein großes Schloss in Form einer Vierflügelanlage errichten. Seine Nachfolger erweiterten und veränderten das Schloss je nach Zeitgeschmack. Unter Kurfürst Friedrich III. errichtete Jean de Bodt 1701 das großartige Fortunaportal, das die Bewunderung der Zeitgenossen hervorrief. Friedrich der Große betraute den Architekten Knobelsdorff von 1744 bis 1751 erneut mit dem Umbau des Stadtschlosses. Die Seitenflügel wurden erhöht, das Corps de Logis erhielt Prunkschornsteine, die Attiken bekrönten Sandsteinskulpturen und die Fassaden wurden mit korinthischen Pilastern und Halbsäulen neu gegliedert. Für die repräsentativen königlichen Innenräume wie den Marmorsaal, das Schreibkabinett und den Bronzesaal lieferten Knobelsdorff, die Gebrüder Hoppenhaupt und Johann August Nahl die Entwürfe. Es waren die gleichen Künstler, die auch für die Bauten im Park Sanssouci beschäftigt wurden.

Zum Schlosskomplex gehört auch der Marstall, in dem sich heute das Filmmuseum Potsdam befindet.

Im April 1945 wurde das Schloss zerstört. Beim späteren Abriss wurden zahlreiche Architekturelemente und Skulpturen von Mitarbeitern der Schlösserverwaltung in Potsdam-Sanssouci gerettet. Möbel und Gobelins aus dem Potsdamer Stadtschloss sind heute im Neuen Palais im Park Sanssouci und im Schloss Charlottenburg in Berlin ausgestellt.

Das Einzige, was vom Schloss geblieben ist, ist die von Knobelsdorff entworfene Ringerkolonnade. Ihren Namen erhielt sie nach den 1746 entstandenen Ringerskulpturen. Ursprünglich verband diese korinthische Säulenreihe Schloss und Marstall. Mit dem Abriss des Schlosses wurde sie hinter das Hotel Mercure versetzt.

Stadtschloss Potsdam mit Kuppel der Nikolaikirche

Filmmuseum Potsdam

Das 1981 gegründete erste deutsche Filmmuseum zeigt einmalige Exponate und Filmdokumente aus den Ufa- und DEFA-Filmstudios. Es befindet sich im ehemaligen königlichen Marstall.

Marstall, 14467 Potsdam
Das Museum ist eine Einrichtung
des Landes Brandenburg
03 31-2 71 81-0
Kino im Filmmuseum: 03 31-2 71 81 12
03 31-2 71 81 26
info@filmmuseum-potsdam.de
www.filmmuseum-potsdam.de
Dr. Bärbel Dalichow
Di-So 10-18 Uhr
An Feiertagen geänderte Öffnungszeiten
Führungen nach telefonischer Anmeldung unter 03 31-271 81-0
Für Führungen wird ein Zuschlag berechnet
Die Schausammlung Filmtechnik kann nach telefonischer
Anmeldung unter 03 31-567 04 16 besichtigt werden,
Straßenbahn 92, 93, 98, H Alter Markt
Direkt am Museum
100.000
Behindertengerecht (Aufzug, Rampen, Betreuung, WC)

Das Filmmuseum ist in einem der ältesten und schönsten Zweckgebäude Potsdams untergebracht. 1685 von Johann Arnold Nering als Orangerie erbaut, diente das Haus seit 1714 auf Anordnung des Soldatenkönigs als Pferdestall. Der Bau wurde 1746 nach Plänen Knobelsdorffs, des bevorzugten Architekten Friedrichs des Großen, verlängert. Dabei wurden auch die Sandsteinskulpturen über dem Mittelportal aufgesetzt.

Bis zum Ende der Monarchie in Deutschland standen hier die königlichen Reitpferde. Von 1923 bis zum Ende des Zweiten Weltkrieges war in dem Gebäude das Garnison-Museum eingerichtet. Das Jahr 1945 überstand das Gebäude nur wenig beschädigt und diente bis 1961 dem Stadtmuseum. Ab 1977 wurde der verfallene Bau saniert.

Der Marstall ist der einzige erhaltene Teil des 1960/61 abgetragenen Potsdamer Stadtschlosses, mit dem er durch eine Kolonnade verbunden war.

Seit 1981 ist hier das Filmmuseum mit einer ständigen Ausstellung zur deutschen Filmgeschichte ab 1895 und einem Kino untergebracht. Seit 1990 werden Exponate des gesamten nationalen Filmschaffens gesammelt. Die Sammlung wuchs innerhalb eines Jahrzehnts zu einem umfangreichen Fundus, der Schätze der Filmtechnik und Exponate zur deutschen Filmgeschichte beherbergt.

Die Reste der ehemaligen Ringer- bzw. Fechterkolonnade sind an die Havelpromenade unterhalb Hotel Mercure versetzt.

Die Dauerausstellung konzentriert sich auf die Geschichte der Babelsberger Filmstudios Ufa (Universum Film Aktiengesellschaft) und DEFA (Deutsche Film Aktiengesellschaft) mit ihren Künstlern und Filmproduktionen. Auf ca. 450 m^2 Fläche führen Szenenbilder, Arbeitsfotos, Modelle, Kostüme, Drehbücher, Programme und Plakate diese Entwicklung vor.

Der Besucher bekommt einen historischen Überblick über das Babelsberger Filmschaffen, z. B. die Stummfilmproduktion, Filme während des Nationalsozialismus und der DDR-Zeit. Zu den besonderen Exponaten gehört der Doppelprojektor „Bioskop", mit dem Max Skladanowsky am 1. November 1895 im Berliner Wintergarten erstmals öffentlich Filme aufführte.

Deutsche Regisseure wie Fritz Lang, Wilhelm Murnau und Wolfgang Staudte werden mit ihren Filmen vorgestellt. Marlene Dietrich, Lilian Harvey, Zarah Leander, Marika Rökk und Renate Krößner sind eigene Schauräume gewidmet. Ein ganzer Raum ist

Marstall (Filmmuseum)

mit Fotos, Plakaten, Kostümen und weiteren originalen Erinnerungsstücken von Hans Albers ausgestattet.

Kriegsfilmen und Propagandafilmen und Filmen während des Nationalsozialismus und der DDR-Zeit ist ein eigener Bereich gewidmet, ebenso den Märchen, Mythen und Sagen, die in Babelsberg verfilmt wurden.

In der Ausstellung werden zahlreiche Filmausschnitte gezeigt. Über ein multimediales Informationssystem erhält der Besucher Auskunft über Filminhalte, Schauspieler, Regisseure und Filmproduktionen.

Zur Eröffnung 1981 zeigte das Filmmuseum zunächst eine Sammlung technischer Geräte. Diese sind heute als Schausammlung in einem Teil des Depots untergebracht und können von Einzelbesuchern oder kleineren Gruppen nach Voranmeldung (Tel. 03 31-567 04 16) besichtigt werden. Das Schaudepot befindet sich in der Pappelallee 20, 14469 Potsdam, erreichbar mit der Straßenbahn, Endhaltestelle Kirschallee. Zur filmtechnischen Sammlung gehören Kameras, Schneidetische, Tricktische und weitere Bearbeitungsgeräte, die einen repräsentativen Querschnitt der Entwicklung der Film-

und Kinotechniken darstellen. Sammlungsschwerpunkte sind vor allem im Raum Berlin, Leipzig und Dresden produzierte Geräte und Apparate aus den Babelsberger Filmstudios.

Im Erdgeschoss des Marstalls finden regelmäßig Sonderausstellungen statt, die sich Themen aus der Welt des Films und Fernsehens widmen. Werkschauen zu Fellini, Riefenstahl und Chaplin wurden europaweit beachtet.

Zum Haus gehört ein viel besuchtes Kino, in dem historische und moderne Filme aus dem In- und Ausland gezeigt werden. Dienstag bis Sonntag laufen täglich bis zu fünf verschiedene Vorstellungen, regelmäßig auch Kinderfilme. Einmal jährlich findet hier die brandenburgische Kinderfilmwoche statt.

Zu Stummfilmabenden wird die unter Denkmalschutz stehende Welte-Kinoorgel gespielt. Diese 1929 von der Freiburger Firma Michael Welte und Söhne für den Chemnitzer Luxor-Palast erbaute Orgel konnte ein Orchester von 30 Musikern ersetzen und schafft durch originale Musikinstrumente wie Pauken, Kastagnetten und Geräuscheffekte wie Telefon, Regen, Vogelgesang und Schiffssirene eine phantastische Klangkulisse. Man sollte keinesfalls versäumen, sich das „Innenleben" der Orgel hinter der Leinwand anzuschauen!

- Café Restaurant Filmmuseum (Tel. 03 31-270 20 41)
- Für wissenschaftliche Zwecke kann nach Voranmeldung (Tel. 03 31- 567 04 18) die Bibliothek des Filmmuseums genutzt werden.

Altes Rathaus – Kulturhaus Potsdam

Das Haus mit der stattlichen italienischen Palastfassade wird für regionale und überregionale Ausstellungen sowie für Kultur- und Bildungsveranstaltungen der Landeshauptstadt Potsdam genutzt. Bevorzugte Ausstellungsthemen sind die moderne Kunst und Dokumentationen zur Geschichte und zur Entwicklung der Stadt.

Am Alten Markt 9, 14467 Potsdam
03 31-29 20 79
03 31-29 19 83
Träger: Landeshauptstadt Potsdam – Kulturamt
Di-So 10-18 Uhr
Führungen werden zu den einzelnen Ausstellungsprojekten vorbereitet und über die Presse bekannt gegeben
Straßenbahn 92, 93, 98, H Alter Markt
Bus 694, H Alter Markt
50.000
Behindertengerecht (Treppenraupe und WC)

Nach 1750 ließ Friedrich der Große den Platz am Stadtschloss repräsentativ gestalten. Dabei wurde auch das Alte Rathaus von Jan Bouman und Carl Ludwig Hildebrant 1753 bis 1755 an Stelle eines Fachwerkbaus errichtet. Zum Vorbild für die Fassade diente ein nicht ausgeführter Entwurf Andrea Palladios für den Palazzo Angarano in Vicenza. Dieser Palastentwurf findet sich in dem vielfach aufgelegten Architekturtraktat der „Quattro libri" Palladios in Kupferstichen abgebildet, von dem auch Friedrich mehrere Ausgaben besaß. Der König holte sich aus den Büchern des oberitalienischen Architekten auch für die Fassaden anderer Potsdamer Bauten

Altes Rathaus

Anregung, z. B. für das Neue Palais und den Antikentempel, vor allem aber für heute leider nicht mehr erhaltene Bürgerhäuser, deren Bau er zur Verschönerung seiner Residenz anordnete. Der Turm des Rathauses trägt eine vergoldete Atlasfigur mit Weltkugel, deren Vorbild das Amsterdamer Rathaus krönt.

Das Gebäude diente bis 1875 als Stadtgefängnis. Die Potsdamer Stadtverordneten, die ihren ersten Tagungsort in der Lindenstraße mit dem Gefängnis tauschten, nahmen nun hier ihren Sitz. Heute ist die Stadtregierung im ehemaligen Regierungsgebäude in der Friedrich-Ebert-Straße 79-81 untergebracht.

Nach der Zerstörung im Zweiten Weltkrieg verband man bei der Rekonstruktion das Alte Rathaus mit dem benachbarten Knobelsdorff-Haus und eröffnete es 1966 als Kulturhaus. Zwei Etagen stehen für Veranstaltungen und Wechselausstellungen zur Verfügung. Für Kinder werden im Rahmen von Kunstausstellungen Workshops durchgeführt.

Wilhelm Barth, Alter Markt mit altem Rathaus (r.) und Nikolaikirche, 1838

Nikolaikirche

Die 1830 bis 1850 in zwei Bauphasen errichtete evangelische Pfarrkirche St. Nikolai ist einer der bedeutendsten Sakralbauten Karl Friedrich Schinkels.

Am Alten Markt, 14467 Potsdam
Büro der Ev. St. Nikolaikirchengemeinde 14-18 Uhr: 03 31-29 16 82
Pfarrer Wolfgang Hering
Zur Besichtigung geöffnet:
Mo 14-17 Uhr, Di-Sa 10-17 Uhr, So 11.30-17 Uhr
So 10 Uhr Gottesdienst
Kirchenführungen nach Vereinbarung, Anmeldung im Büro
Straßenbahn 92, 93, 98, H Alter Markt
Auf dem Alten Markt
Eingeschränkt behindertengerecht
(Benutzung von Hörgeräten über Induktionsschleife)
Kirchenverein zur Erhaltung der St. Nikolaikirche

Im Jahre 1795 brannte die alte Nikolaikirche, ein barocker Prachtbau mit großer Schaufassade von Wenzeslaus von Knobelsdorff, ab. Zwar wurden unverzüglich Pläne für einen Neubau ausgearbeitet, doch wegen der napoleonischen Kriege und der Sparsamkeit Friedrich Wilhelms III. verschob sich der Baubeginn um drei Jahrzehnte. Erst auf Drängen des Kronprinzen, dem späteren König Friedrich Wilhelm IV., genehmigte der König den Wiederaufbau nach Plänen Karl Friedrich Schinkels. Nach Vorstellungen des Kronprinzen entwarf Schinkel einen Zentralbau mit mächtiger

Weitere Bauwerke nach Entwürfen Karl Friedrich Schinkels in Potsdam sind der Pomonatempel auf dem Pfingstberg, Schloss Charlottenhof im Park Sanssouci, teilweise die Römischen Bäder und Schloss Babelsberg, die Gestaltung des Innenraumes der Alexander-Newski-Kapelle, Schloss und Casino Kleinglienicke, die ehemalige Armen- und Freischule in der Jägerstraße 3-4, die ehemalige Unteroffiziersschule in der Jägerallee 10-12 und die ehemalige Leibgarde-Husaren-Kaserne in der Berliner Straße 27.

Kuppel. Doch der König wünschte eine schlichtere Kirche in Gestalt einer doppeltürmigen Basilika. Schinkel legte eine Reihe neuer Entwürfe vor, mit denen er versuchte, den völlig unterschiedlichen Vorstellungen von König und Kronprinz gerecht zu werden. 1830 bis 1837 wurde endlich nach diesen Plänen eine Kirche über quadratischem Grundriss errichtet. Die heutige säulenumstellte Tambourkuppel lehnte der König jedoch aus Geldmangel ab. Stattdessen erhielt die Kirche zunächst Frontgiebel und Satteldach. Die südlich vorgelagerte Säulenvorhalle verlieh ihr das Aussehen eines griechischen Tempels. Für Schinkel wie auch für den Kronprinzen war dies eine vorläufige Lösung, die den späteren Bau einer Kuppel ermöglichte.

Vor der Nikolaikirche steht der 1752 von Knobelsdorff aufgestellte marmorne Obelisk. Dieses letzte Werk Knobelsdorffs in Potsdam war ursprünglich mit den Bildnissen des Großen Kurfürsten und der ersten drei preußischen Könige ausgestattet. Seit seiner Wiederaufstellung 1979 schmücken ihn Reliefporträts der vier bedeutendsten Potsdamer Architekten: Georg Wenzeslaus von Knobelsdorff, Carl von Gontard, Karl Friedrich Schinkel und Ludwig Persius.

Als Friedrich Wilhelm IV. 1840 den Thron bestieg, beauftragte er Ludwig Persius, August Stüler und Gustav Emil Prüfer, nun endlich die von Schinkel vorgesehene Kuppel auszuführen. Karl Friedrich Schinkel erlebte allerdings die Vollendung seines bedeutendsten Kirchenbaus nicht mehr. Er starb 1840.

Die Kirche ist im Außenbau deutlich in zwei Teile untergliedert: der kubische Unterbau der ersten Bauphase und der runde Kuppelbau von 1843 bis 1850. Eine walzengelagerte Eisenkonstruktion der Berliner Firma Borsig verringert die Kuppellast. Die vier schlanken Ecktürme, die als Widerlager die Kuppel flankieren, hatte Schinkel nicht vorgesehen. Dem quadratischen Grundriss des Außenbaus ist der Innenraum im Form eines griechischen Kreuzes einbeschrieben. Auch die Innenarchitektur und die Ausmalung gehen auf Schinkels Entwürfe zurück. Die Fresken stammen von Bernhard Wilhelm Rosendahl, der für Friedrich Wilhelm IV. auch im Schloss Charlottenhof und den Römischen Bädern arbeitete. Die Reliefs der Kanzel schnitzte der Bildhauer Kiß nach Schinkels Entwürfen.

Die Kirche wurde 1945 schwer beschädigt. Der 1947 begonnene Wiederaufbau war erst 1981 abgeschlossen.

- In der Kirche liegen Informationsblätter aus. Ein Kirchenführer kann am Eingang erworben werden.

Nikolaikirche

Haus der Brandenburg-Preußischen Geschichte

Das Haus der Brandenburgisch-Preußischen Geschichte (HBPG) ist als Ausstellungs- und Veranstaltungshaus ohne eigene Sammlung im spätbarocken, ehemalig Königlichen Kutschstall am Neuen Markt geplant. In seinen Räumen werden Ausstellungen zu Themen der Brandenburg-Preußischen Geschichte gezeigt. Träger des Hauses ist derzeit der Museumsverband des Landes Brandenburg e.V.

Schlossstraße 1, 14467 Potsdam
03 31-2 01 39-3
03 31-2 01 39-59
info@hbpg.de
Gründungsbeauftragter HBPG: Dr. Hartmut Dorgerloh
dorgerloh@hbpg.de

Die folgenden Angaben beziehen sich nur auf die Eröffnungsausstellung „Marksteine", für den Dauerbetrieb können noch keine Angaben gemacht werden.

Ausstellungskuratorin: Dr. Agnete von Specht
V.specht@hbpg.de
www.marksteine.de
Täglich 10-19 Uhr
Angemeldete Schulklassen haben freien Eintritt
Straßenbahn 92, 93, 98, H Alter Markt
Zu Fuß vom Hauptbahnhof Potsdam über die Lange Brücke
Am Kanal, Alter Markt
Behindertengerecht

Das Haus der Brandenburgisch-Preußischen Geschichte (HBPG) wird als Ausstellungs- und Veranstaltungshaus ohne eigene Sammlung im ehemaligen Königlichen Kutschstall am Neuen Markt sein Domizil beziehen. Es wird Mittelpunkt eines neu entstehenden „Tourismusforum Neuer Markt", das Einrichtungen der Wissenschaft, Forschung, Tourismus und Kultur umfasst und das bestehende Angebot von Einstein-Forum und Moses-Mendelsohn-Zentrum sinnvoll erweitert. In den historischen Nebengebäuden im rückwärtigen Bereich des Kutschstalls und wenigen Erweiterungsbauten werden Forschungseinrichtungen, Gastronomie und Geschäfte entstehen. Das ganze Areal wird von der Stadt Potsdam, dem Land Brandenburg sowie einem privaten Bauherrn entwickelt. Das Haus der Brandenburgisch-Preußischen Geschichte bietet in den historischen Stallungen einen multifunktional nutzbaren Veranstaltungsbereich für max. 200 Besucher. Ein Besucherinformationszentrum wird im Erdgeschoss eingerichtet und ist als erste Anlaufstelle für Besucher Potsdams gedacht, die sich anhand einer ständigen Präsentation auf einer Fläche von ca. 530 Quadratmetern über die Geschichte Brandenburg-Preußens und Potsdams informieren können. Das Potsdam-Museum wird diese Ausstellung mitgestalten. In einer zweiten Ebene im Kutschstall werden Flächen für Sonderausstellungen eingerichtet, die auch von den Brandenburger Museen genutzt werden können, sowie ein Vortragssaal für max. 150 Besucher angeboten.

Zur Unterstützunq des HBPG hat sich ein Förderverein gegründet, dem der ehemalige Präsident der Stiftung Preußischer Kulturbesitz, Professor Dr. Werner Knopp, vorsteht. Die erste große Ausstellung im Kutschstall "Marksteine. Eine Entdeckungsreise durch Brandenburg-Preußen" eröffnet als Teil der Gemeinsamen Landesausstellung von Berlin und Brandenburg PREUSSEN I 2001 am 18. August. 2001 und wird bis zum 11. November gezeigt werden. Anschließend wird das Haus vorrübergehend wieder geschlossen, um voraussichtlich im Frühjahr 2002 – nach dem endgültigen Abschluss der Bauarbeiten – seine reguläre Arbeit aufzunehmen.

Kirche St. Peter und Paul

Die katholische Propsteikirche ist ein mächtiger, 1870 vollendeter Klinkerbau mit hohem, italianisierendem Glockenturm. Die Kirche bildet den Endpunkt der Brandenburger Straße mit ihrer Fußgängerzone.

Am Bassinplatz 2, 14467 Potsdam
Pfarrbüro: 03 31-23 07 99-0
Katholische Kirchengemeinde: 03 31-23 07 99-0
Öffnungszeiten: Mo, Mi, Do 8–15 Uhr, Di 8–18 Uhr, Fr 8–12 Uhr
Propst: Klaus-Günter Müller
Besichtigung Di–Sa 13–17 Uhr
Gottesdienste: Mi 8 Uhr, Do/Sa 9 Uhr, Fr 18.30 Uhr,
So 7.30 Uhr, 10 Uhr, 19 Uhr
Straßenbahn 92, 94, 98, H Platz der Einheit/West,
Busse 692, 694, 695, 697
Parkplätze So/Feiertag auf dem Bassinplatz
Behindertengerecht (Rampe)

Die Peter und Paulsgemeinde ist die größte katholische Gemeinde in Potsdam, kleinere gibt es noch in Potsdam-Babelsberg und in Bornstedt. Insgesamt leben heute in Potsdam ca. 5.000 Katholiken. Zur Gemeinde gehört das St. Josefskrankenhaus mit Altersheim und ein Kindergarten.

An Stelle einer einfachen katholischen Fachwerkkirche des 18. Jahrhunderts auf dem Gelände einer Gewehrfabrik wurde unter Friedrich Wilhelm IV. am Rande des Bassinplatzes eine repräsentative katholische Garnison- und Gemeindekirche erbaut.

Mehrere Architekten, darunter auch der Hofarchitekt August Stüler, lieferten Entwürfe. Ausgeführt wurden die Pläne Wilhelm Salzenbergs (1803-1887), einem Schüler Karl Friedrich Schinkels, der sich von italienischer und byzantinischer Architektur anregen ließ.

Salzenberg fügte dem kreuzförmigen Zentralbau einen kleeblattförmigen Ostabschluss an, der sein Vorbild in der byzantinischen Architektur der Hagia Sophia hat, während der hohe Turm dem Campanile von San Zeno in Verona nachgebildet ist. Auch die buntfarbige ornamentale Ausmalung des Kirchenraums und die Apsisfresken der Kirchenväter und der Heiligen Dreifaltigkeit folgen dieser italienisch-byzantinischen Stilmischung.

Zu den herausragenden Ausstattungsstücken gehören vor allem die drei Gemälde Antoine Pesnes. Der aus Paris stammende brandenburgisch-preußische Hofmaler, einer der größten Künstler des Barock und Rokoko in Deutschland, malte 1739 das Hochaltarblatt mit der „Todesangst Christi" (Christus am Ölberg) und die Bilder der beiden Nebenaltäre mit der Rosenkranzübergabe und dem Schutzengel. Die Gemälde wurden vom Soldatenkönig für die Vorgängerkirche gestiftet.

In der Pesne-Galerie im Neuen Palais des Parkes Sanssouci finden Sie zahlreiche weitere Gemälde Antoine Pesnes.

Zum Kirchenschatz gehören eine Strahlenmonstranz, Weihrauchschiffe und Kaseln des 18. Jahrhunderts. Die Kirche hatte im Zweiten Weltkrieg keine nennenswerten Schäden erlitten. Umfassend wurde sie von 1977 bis 1992 renoviert und 1992 zur Propsteikirche erhoben.

- In der Kirche besteht die Möglichkeit, Postkarten und einen kleinen Kirchenführer zu erwerben.
- Zur Kirchengemeinde gehört eine katholische öffentliche Bibliothek (KÖB), aus der am Sonntag nach dem Gottesdienst in der Kirche Bücher, Kassetten und Spiele entliehen werden können.

Museumshaus im Holländischen Viertel

Im Museum ist die Geschichte des Holländischen Viertels und des Hauses dokumentiert. Teile der Gemälde- und Graphiksammlung des Potsdam-Museums sind ausgestellt. Das Holländerhaus ist eine Zweigstelle des Potsdam-Museums.

Benkertstraße 3, 14469 Potsdam
03 31-2 89 68 02
03 31-2 89 68 05
Dr. Monika Bierschenk
Straßenbahn 92, 95, H Nauener Tor
Behindertengerecht

Das fünfachsige Traufenhaus entstand mit den ersten beiden Karrees des Holländischen Viertel bis 1840 (Innenausbau bis 1742). Der erste Bewohner des Hauses war der französische Tapetenmacher Jacques Duquesnai, der es jedoch nur mietete. Eigentümer war der Bildhauer Matthias Müller, der für Friedrich II. für Schloß Sanssouci und das Neue Palais tätig war. Im Jahr 1803 wurde das Haus an die Freimauerloge „Zur Standhaftigkeit oder Constantia" verkauft, einer Tochterloge der „Royal-York Berlin". Im 19. Jahrhundert war das Haus im Besitz der Tischlermeisterfamilie Kroll.
1987 wurde das Haus durch die Stadt Potsdam als Museumsgebäude angekauft. Erst 1996 bis 98 konnten das Vorderhaus und der Seitenflügel restauriert und rekonstruiert werden.
Neben einer Dokumentation zur Geschichte des Holländerviertels ist auf zwei Etagen eine Gemälde- und Graphiksammlung des Potsdam-Museums zu besichtigen. Vertreten sind Veduten und Porträts des 18. Jahrhunderts sowie Landschaften der Mark Brandenburg, deren Schönheit im 19. Jahrhundert Interesse fand.

Holländisches Viertel

Das Holländische Viertel liegt zwischen der Friedrich-Ebert-Straße, Gutenbergstraße, Hebbelstraße und Kurfürstenstraße nordöstlich der Altstadt. Die vier Karrees mit holländischen Backsteinhäusern entstanden von 1733 bis 1744 im Zuge der dritten Stadterweiterung. Es ist Europas einziges geschlossenes Stadtviertel im holländischen Stil außerhalb der Niederlande.

Bereits der Große Kurfürst hatte holländische Architekten, Festungsbauingenieure, Handwerker und Künstler zum Aufbau des durch den Dreißigjährigen Krieg verwüsteten Landes nach Brandenburg geholt. Wie sein Großvater schätzte Friedrich Wilhelm I. die wirtschaftlich, geistig und militärisch fortgeschrittenen Niederlande. Zweimal war der Soldatenkönig als Kronprinz nach Holland gereist. Eine dritte Niederlandreise 1732 nutzte der König, um holländische Bauhandwerker für die Vergrößerung der Residenzstadt Potsdam anzuwerben. Ausgedehnte Sumpfgebiete erschwerten zunächst die Erweiterung Potsdams. Die großen Erfahrungen der Niederländer bei der Trockenlegung von Land waren dem König daher besonders wichtig. Drei holländische Zimmerleute trafen mit ihren Familien bereits im Herbst 1732 in Potsdam ein. Unter ihnen war der Schiffszimmermeister Jan (Johan) Bouman, der später zum preußischen Oberbaudirektor aufstieg und in Potsdam den Bau des Holländischen Viertels, des Alten Rathauses und wahrscheinlich auch des Jagdschlosses Stern übertragen bekam. Bis 1739/40 waren die ersten beiden Karrees des Holländerviertels unter Leitung Boumans errichtet. Das ganze Viertel erhielt seine Vollendung erst 1744 unter Friedrich II. Im Holländischen

In der Mittelstraße 8 ist das Jan Bouman Haus als Museum zur Entstehung und Geschichte des Holländerviertels eingerichtet.

Holländische Architektur finden Sie auch im Neuen Garten: die Holländerhäuser Friedrich Wilhelms II.

Viertel sollten ausschließlich holländische Spezialisten wohnen, deren Einwanderung durch eine Reihe von Priviligien erleichtert wurde: ein eigenes Haus, keine Einquartierung von Soldaten, Religionsfreiheit, den Titel als Hofhandwerker und bei Anwachsen der Kinderschar ein holländischer Schulmeister. Für die Niederländer, die in ihrer Heimat zumeist ein gutes Auskommen hatten, war dieser Anreiz jedoch nicht hoch genug, um nach Brandenburg zu kommen. Nur ein Teil der 134 Häuser konnten an Holländer vergeben werden, die anderen bezogen französische und einheimische Handwerker und vor allem Soldaten.

Unter Telefon 0331/620 11 50 können Sie Führungen durch das Viertel buchen.
Mit Infos zur Entstehungsgeschichte, Architektur, Leben im Quartier.

Holländisches Viertel

Alle Häuser sind zweigeschossig aus unverputzten Backsteinen und weiß verfugt. Zwei Haustypen wechseln in regelmäßigem Rhythmus: das fünfachsige Traufenhaus und das dreiachsige Haus mit abgestumpftem Giebel. Das gleiche Material und die ähnliche Formensprache lässt das Straßenbild einheitlich wirken. Die Fassaden der Mittel- und Eckhäuser sind mit farbig bemalten holzgeschitzten Portal- und Fensterrahmungen verziert und besonders hervorgehoben. Zum zweigeschossigen Vorderhaus aus Klinkerziegeln gehörte stets ein Nebengebäude aus Fachwerk, das im Hof stand.

Die Vorliebe des Soldatenkönigs für holländische Architektur zeigt auch sein Jagdschloss Stern, das in seiner Ziegelbauweise und Giebelfassade einem holländischen Reihenhaus nachempfunden ist.

Zu den Bewohnern des Holländerviertels zählten u. a. der an Innenraumvertäfelungen von Sanssouci beteiligte Kunsttischler Johann Heinrich Hülsmann, der Hofmaler des Soldatenkönigs Dismar Degen, der Bildhauer Glume und für einige Monate auch der Schriftsteller Theodor Storm.

Unter dem Soldatenkönig entstand auch ein französisches Viertel in der Gegend der heutigen französischen Straße. Für die Nachfahren der unter dem Großen Kurfürsten eingewanderten Hugenotten ließ Friedrich der Große 1751/53 die Kirche der Französisch Reformierten Gemeinde erbauen. Den Zentralbau über ovalem Grundriss entwarf Wenzeslaus von Knobelsdorff, die Bauausführung oblag Jan Bouman. Die Architektur ist eng verwandt mit der der Berliner St. Hedwigkirche. Die Kirche wird restauriert und ist nur gelegentlich bei Sonderöffnungen zu betreten. Die Kanzelwand, die Emporen und das Kirchengestühl wurden nach Entwürfen Karl Friedrich Schinkels ausgeführt.

In diesem Viertel kaufte 1906 der Schuster Wilhelm Vogt, bekannt als der Hauptmann von Köpenick, bei einem Trödler seine Uniform, mit der er ins Köpenicker Rathaus marschierte und die Stadtkasse beschlagnahmte.

Südlich angrenzend an das Holländerviertel wurde ein großes Wasserbecken ausgestochen, in deren Mitte auf einer Insel 1739 ein kleiner Pavillon gebaut wurde. Dieses „Gloriette" genannte Häuschen stand noch bis 1945 an der Stelle, wo heute das Denkmal der 1945 in Potsdam gefallenen sowjetischen Soldaten steht. Das Wasserbecken wurde aus hygienischen Gründen Ende des 19. Jahrhunderts zugeschüttet, der große Platz trägt auch noch heute den Namen Bassinplatz.

Jan Bouman Haus

Das 1735 erbaute Holländerhaus ist das einzige originalgetreu restaurierte Siedlungshaus des Holländischen Viertels und als Musterhaus begehbar. Es beherbergt eine Ausstellung zur Bau- und Siedlungsgeschichte des Holländischen Viertels.

Mittelstraße 8, 14467 Potsdam
03 31-2 80 37 73
03 31-2 80 58 72
Vorstandsvorsitzender des Fördervereins:
Christian Wendland
Betreiber: Förderverein zur Pflege niederländischer
Kultur in Potsdam e.V.
Sa/So/Feiertag 11-18 Uhr
Okt.–März Mo, Di, Do, Fr 13–17 Uhr
April–Sept. Mo, Di, Do, Fr 14–18 Uhr
Führungen können auch außerhalb der Öffnungszeiten vereinbart werden,
Anmeldungen für Führungen schriftlich,
telefonisch unter Tel. 03 31-2 80 38 01/2 80 37 73
oder per Fax mit Angabe der Personenzahl und der Zielgruppe.
Straßenbahn 92, Bus 695, 697 und von Berlin Spandau 638,
H Nauener Tor; Bus 604 H Bassinplatz
P Hegelallee am Nauener Tor,
So/Feiertag auch am Bassinplatz
6.000
Nur das Erdgeschoss ist Behindertengerecht
(Rollstuhlrampen, WC)

Das 1995 bis 1997 restaurierte Haus wurde als Museum für das Holländische Viertel eröffnet und nach Jan (Johan) Bouman, dem Baumeister des Viertels benannt. Alle Etagen, der Hof, das

Hofgebäude und der Hausgarten sind zugänglich. Das Giebelhaus vermittelt einen Eindruck von der Innenarchitektur niederländischer Häuser des 18. Jahrhunderts. Die Anlage besteht aus einem Giebelvorderhaus, dem in alter Form wieder aufgebauten Hofgebäude aus Fachwerk und einem kleinen Hausgarten.

Zahlreiche Fotos, Schrifttafeln, Dokumente, Zeichnungen und zwei Videos informieren über die Geschichte der Häuser, die Lebensweise der Bewohner und die Sanierung des Viertels. Auch Schlösser, Nägel, Kacheln und andere originale Fundstücke aus dem Viertel sind ergänzend ausgestellt.

- Im Museum finden Vorträge, Lesungen und musikalische Veranstaltungen zu verschiedenen niederländischen Themen statt.
- An einem Aprilwochenende veranstaltet der Betreiber des Jan Boumann Hauses, der Förderverein zur Pflege niederländischer Kultur in Potsdam e.V., das Tulpenfest, an dem Holländerinnen und Holländer als Mitwirkende teilnehmen.
- Auf Sinterklaas freuen sich vor allem die Kinder: Sinterklaas, der niederländische Nikolaus, trifft per Schiff an einem Wochenende im Dezember in Potsdam ein und reitet dann zum Holländischen Viertel, um seine Geschenke an die Kinder zu verteilen.

Töpfermarkt und Tulpenfest im Holländischen Viertel

Stadttore

Potsdam bekam seine erste Stadtbefestigung unter Friedrich Wilhelm I., dem Soldatenkönig. Er erhob Potsdam zur Garnisonstadt und vergrößerte sie. Ab 1722 musste die Altstadt mit einer Stadtmauer umgeben werden, damit die Desertation der Soldaten weitgehend verhindert und die Akzise, eine Verbrauchsteuer nach holländischem Vorbild, kontrolliert werden konnte. Diese erste Stadtmauer mit ihren Toren diente nur 11 Jahre ihrem Zweck, da der Platz vor allem für die Unterbringung der Soldaten nicht ausreichte. Daher nahm der König ab 1733 eine zweite Stadterweiterung vor, die wiederum mit einer Mauer abschloss.

Die heute noch erhaltenen Tore gehören zur zweiten Stadterweiterung. Von den zahlreichen Stadttoren aus der Zeit des Soldatenkönigs ist aber nur noch das Jägertor erhalten. Das Nauener, das Neustädter und das Brandenburger Tor wurden im Auftrag König Friedrichs II. umgebaut.

Jägertor

Hegelallee

Das älteste erhaltene Stadttor von 1733 steht am Ende der Lindenstraße. Es führte zum ehemaligen Jägerhof außerhalb der Stadt, an den die bekrönende Jagdszene erinnert.

Nauener Tor

Friedrich-Ebert-Straße

Das Nauener Tor mit seinen Rundtürmen und den seitlichen Torhäusern mit Arkaden im neugotischen Stil verdankt seine heutige Gestalt Friedrich dem Großen und einem größeren Umbau unter Kaiser Wilhelm I.

Nauener Tor

Der Vorgängerbau, das ursprüngliche Nauener Tor von 1733, ähnelte dem Jägertor. 1754 bis 1755 wurde das Tor nach einer Skizze Friedrichs II. verändert. Er ließ das alte Tor stehen und umbaute es mit den beiden Rundtürmen und den anschließenden Torhäusern mit Bogenlauben in gotisierenden Formen. Damit entstand die früheste neugotische Architektur in Deutschland. Der König, der für den Bau eigenhändige Skizzen lieferte, bekam seine Anregung von einem 1750 erbauten schottischen Schloss, dem Inverary Castle von Robert Morris, das in Stichwerken publiziert wurde.

Zu seiner heutigen Gestalt wurde das baufällig gewordene Tor 1867 umgebaut. Das alte Tor von 1733, das zwischen den Rundtürmen

Brandenburger Tor, Feldseite

stand, wurde abgerissen und die beiden Türme mit dem gegenwärtigen Torbogen verbunden. Die Zinnen, Fenster und Arkaden erhielten die neugotischen Formen des 19. Jahrhunderts.

Während des gesamten 19. und frühen 20. Jahrhunderts wurden die Torgebäude von Militär, Handwerkern und Händlern genutzt. Ab 1927 waren hier Polizeiwache und verschiedene städtische Büros untergebracht. Seit der im April 1997 abgeschlossenen Restaurierung befindet sich ein modern eingerichtetes Café hinter den Arkaden.

Im Eckhaus am Nauener Tor lohnt ein Besuch im traditionell eingerichteten Café Heider.

Neustädter Tor

Ecke Breite Straße/Lindenstraße

Ein einzelner Sandsteinobelisk verblieb als Rest des 1945 zerstörten Neustädter Tores. 1753 stellte Knobelsdorff als süd-westliches Stadttor zwei Obelisken mit ägyptisierenden Hieroglyphen auf. Seitlich standen Zoll- und Wachhäuser.

Ein weiterer Obelisk aus der friderizianischen Zeit steht am östlichen Ende der großen Allee von Sanssouci, am ursprünglichen Haupteingang des Parkes.

Brandenburger Tor

Luisenplatz

Das Brandenburger Tor, das älter als sein berühmter Berliner Namensvetter ist, liegt an der Straße nach Brandenburg. 1733 errichtete der Soldatenkönig an dieser Stelle das erste Tor der zweiten Stadterweiterung. Da das Tor den Stadtausgang nach Sanssouci bildet, wurde es unter Friedrich II. 1770 großartig in Gestalt eines römischen Triumphbogens mit einer großen Durchfahrt in der Mitte neu erbaut. Karl von Gontard entwarf die schlichtere Stadtseite, Georg Christian Unger die prachtvolle Feldseite mit den korinthischen Säulenpaaren, die sich dem damals außerhalb der Stadt gelegenen heutigen Luisenplatz zuwendet. Die beiden seitlichen Pforten wurden erst unter Friedrich Wilhelm IV. 1843 geöffnet.

Gedenkstätte Lindenstraße, ehem. Staatssicherheitsgefängnis

Das Haus diente während des Zweiten Weltkrieges als politisches Gefängnis, nach dem Krieg war es Sitz des sowjetischen Sicherheitsdienstes NKWD (Volkskommissariat für Innere Angelegenheiten) und schließlich der Staatssicherheit. Zu besichtigen sind die ehemaligen Gefängnishöfe, der Zellentrakt und eine Dokumentationsausstellung zur Geschichte der politischen Justiz. Die Gedenkstätte gehört zum Potsdam-Museum.

Llndenstraße. 54, 14467 Potsdam
03 31-2 89 68 03
03 31-2 89 68 05
Verantwortlicher Mitarbeiter: Hannes Wittenbach
Direktorin: Dr. Monika Bierschenk
Di–Do 9-17 Uhr, jeden ersten und dritten
Sa im Monat 9–17 Uhr, an Feiertagen geschlossen
Führungen und Veranstaltungen der politischen Bildung
nach Voranmeldung; Führungsgebühr wird erhoben
Straßenbahn Nr. 94, 98, H Dortustraße
Gebührenpflichtige Parkplätze in der Dortustraße
5.000
Behindertengerecht ist nur die Dokumentationsausstellung,
nicht das ehemalige Gefängnis
Fördergemeinschaft Lindenstraße 54

Der holländische Rohziegelbau wurde zwischen 1734 und 1737 im Zuge der zweiten Stadterweiterung Friedrich Wilhelms I. errichtet. Zunächst als Wohnhaus an Offiziere vermietet, wurde er 1809 Tagungsort des ersten Potsdamer Stadtparlamentes. 1817 tauschten die Stadtverordneten ihren Dienstort mit dem Stadtgericht und zogen in das Rathaus am Alten Markt. In der Lindenstraße tagte nun das Potsdamer Stadtgericht. Einer der Gerichtsassessoren war der schleswigsche Dichter Theodor Storm, der 1853 bis 1856 im Potsdamer Exil lebte.

Bereits 1820 hatte man den Bau vergrößert und einen Gefängnistrakt eingerichtet, der im 19. und frühen 20. Jahrhundert umgebaut wurde. Während des Zweiten Weltkrieges wurden hier zunehmend politische Gefangene des Potsdamer Volksgerichtshofs inhaftiert, darunter Mitglieder der Widerstandsgruppen Römer/Sachse/Uhrig und Winkler. Der sowjetische Geheimdienst und das sowjetische Militärtribunal richteten hier 1945 eine Untersuchungshaft für politische Häftlinge ein. Die Staatssicherheit, der das Gebäude 1952 übergeben wurde, nutzte das Haus weiterhin zur Untersuchungshaft und politische Untersuchungsabteilung.

Die 1990 veranstalteten „Tage der offenen Tür" stießen auf großes Interesse bei der Bevölkerung und den Medien. Daher übertrug der Magistrat der Stadt das ehemalige Staatssicherheitsgefängnis dem Potsdam-Museum, das im Februar 1998 die Dokumentationsausstellung „Kommandantenhaus-Amtsgericht-Gefängnis" mit einem besonderen Ausstellungsteil zu „Widerstand und Repression" eröffnete. Der Rundgang führt in die beiden Höfe mit Freigangzellen und in den Zellentrakt.

Die bisher nicht zugänglichen Sammlungen der Gedenkstätte stammen vor allem aus den großen Potsdamer Kasernenkomplexen, die bis zum Ende der DDR die NVA, die Grenztruppen, das MfS, das KGB und die sowjetischen Truppen nutzten.

- Gemeinsam mit dem Brandenburger Literaturbüro, der Außenstelle des Bundesbeauftragten für die Unterlagen des Staatssicherheitsdienstes der ehemaligen DDR in Potsdam und mit der Fördergemeinschaft Lindenstraße 54 finden regelmäßig Veranstaltungen in der Gedenkstätte statt.

Museumshaus „Im Güldenen Arm"

Das Museum ist in einem barocken Typenbau aus der Regierungszeit Friedrich Wilhelms I. untergebracht. Eingerichtet ist eine Ausstellung zur Entwicklung der Bürger- und Garnisonstadt Potsdam, die durch wechselnde Sonderausstellungen ergänzt wird. Das Museumshaus „Im Güldenen Arm" gehört zum Potsdam-Museum.

Hermann-Elflein-Straße 3, 14467 Potsdam
03 31- 2 70 86 89 oder 03 31-2 89 68 01
03 31-2 89 68 05
Dr. Monika Bierschenk
April–Okt. Di–So 10–17 Uhr
Führungen nach Voranmeldung unter Tel. 03 31-2 89 68 01
Preis pro Gruppe Erwachsener DM 20,-
Preis pro Gruppe Ermäßigungsberechtigter DM 10,-
In der Hegelallee
5.500

Das Museum befindet sich in einem Fachwerkhaus mit reich geschnitztem hölzernem Türportal. Das Gebäude wurde im Zuge der zweiten Stadterweiterung 1737 als Wohn- und Gewerbehaus für einen aus Süddeutschland stammenden Brauer und Holzbildhauer errichtet. Nach der denkmalpflegerischen Rekonstruktion des Baus eröffnete das Potsdam-Museum 1997 hier eine Außenstelle.

Im Erdgeschoss und in der Diele des Obergeschosses finden wechselnde Sonderausstellungen zur Geschichte Potsdams wie auch zu überregionalen Themen statt. Die ständige Ausstellung im oberen Stockwerk widmet sich der bürgerlichen Entwicklung der Stadt.

Hauptthemen sind dabei die Entstehung der Stadt 1713 bis 1786, die Garnisonstadt, Handwerk und Gewerbe des 18. und 19. Jahrhunderts sowie Dokumente zum Haus, zur Straße und zum Stadtviertel. Schrifttafeln und Stadtpläne veranschaulichen die Ausdehnung der Stadt, die Zunahme der Bevölkerung und die Entwicklung des Handwerks.

Ausgestellt sind Erzeugnisse und Werkzeuge der verschiedenen in Potsdam ansässigen Handwerkszweige, wie z. B. des Bauhandwerks, der Kunstschmiede und der Tuchmacher. Eine große Anzahl Betriebe diente der Versorgung und Ausrüstung der Armee. Vor allem die Tuchmacher, die den Stoff für die Uniformen herstellten, erfuhren im 18. Jahrhundert die besondere Förderung durch die preußischen Könige. Allein vier Bandmühlen wurden benötigt, um die Haarbänder für die Zöpfe der Soldaten herzustellen. Diesen Ausstellungsteil illustrieren rekonstruierte Uniformteile eines Infanterieregimentes von 1786 und das Ölgemälde „Langer Kerl Jonas Henrichson" von 1826.

Museumshaus „Im Güldenen Arm", Türportal

Garnisonkirche und Potsdamer Glockenspiel

Die Garnisonkirche Friedrich Wilhelms I. war eine der drei großen barocken, das Stadtbild prägenden Potsdamer Kirchen. Kriegszerstört, wurde ihre Ruine 1968 gesprengt. Seit 1991 ist eine originalgetreue Kopie des berühmten Potsdamer Glockenspiels in der Dortustraße in Nähe des ehemaligen Kirchenstandortes aufgestellt.

✉ Breite Straße/Ecke Dortustraße
Heute an Stelle der Garnisonkirche: das Rechenzentrum

Das Militärkirchenwesen in Brandenburg begründete bereits der Große Kurfürst, der die seelsorgerische Betreuung seiner Soldaten durch Garnisonprediger gewährleistete. Die Gottesdienste für die Garnisongemeinde fanden in der Schlosskirche statt. Da sie sich bald als zu klein erwies, ordnete der Soldatenkönig den Bau einer eigenen Kirche an. Diese 1722 eingeweihte Fachwerkkirche drohte 1730 einzustürzen und wurde abgetragen. Die zweite Garnisonkirche entwarf Philipp Gerlach als Saalkirche mit umlaufenden Emporen. Der 1735 fertig gestellte, fast 90 Meter hohe Turm mit vier sich verjüngenden Geschossen prägte fortan die Stadtsilhouette. Er war ein Hauptwerk des preußischen Barock. Ganz oben im zierlichen offenen Glockengeschoss spielte ein holländisches Glockenspiel mit 40 Glocken zu jeder vollen und halben Stunde, dessen mechanischen Betrieb eine bronzene Walze ermöglichte. Unabhängig von der Mechanik konnte auf einer Handklaviatur auch frei gespielt werden. Bis zur Zerstörung der Kirche 1945 war das Glockenspiel in Betrieb. Da es in den dreißiger Jahren jeden Sonntag im Deutschlandsender übertragen wurde, war es in ganz Deutschland bekannt geworden. Seit 1933 übertrugen der Deutschlandsender und der Deutsche Kurzwellensender vom Potsdamer Glockenspiel als neues Pausenzeichen die ersten Takte „Üb immer Treu und Redlichkeit".

In der ebenerdig angelegten Königsgruft der Garnisonkirche fanden Friedrich Wilhelm I. und Friedrich II. ihre Ruhestätte. Im Zweiten Weltkrieg brachte man die Särge in Sicherheit, nach dem Krieg gelangten sie in die Elisabethkirche von Marburg, danach auf die Hohenzollernburg in Hechingen. Erst 1991 kehrten sie nach Potsdam zurück: der Sarkophag des Soldatenkönigs in das Mausoleum neben der Friedenskirche, die sterblichen Überreste Friedrichs wurden seinem testamentarischen Wunsch gemäß auf der Terrasse von Sanssouci beigesetzt. Durch die Ruhestätte der beiden Monarchen und die enge Bindung der Kirche an das preußische Königshaus entwickelte sich die Garnisonkirche zu einer nationalen Wallfahrtstätte. Am 21. März 1933, dem berüchtigten Tag von Potsdam, missbrauchten die Nationalsozialisten die Kirche für die feierliche Eröffnung ihres ersten Reichstages unter dem neuen Reichskanzler Adolf Hitler und ernannten sie zu einer „Weihestätte des Dritten Reiches".

Zur Garnisongemeinde gehörte das 1722 vom Soldatenkönig gestiftete Militär-Waisenhaus. Der alte Bau des Soldatenkönigs wurde nach 1777 von Gontard durch den heutigen massiven Kuppelbau an der Ecke Dortustraße 36/Breite Straße 7-9 ersetzt, heute Ministerium für Wissenschaft, Forschung und Kultur.

Am 14. April 1945 zerstörten vom benachbarten Langen Stall übergreifende Flammen die Garnisonkirche. Übrig blieben noch Mauern des Kirchenschiffes und drei Turmgeschosse, in dessen Unterstem 1950 eine Kapelle geweiht wurde. Dennoch wurde die wiederaufbaufähige Kirche, die im SED-Staat mit dem preußischen Militarismus gleichgesetzt wurde, im Juni 1968 gesprengt. Lediglich ein Gitter vom Eingang blieb erhalten und wurde auf die gegenüberliegende Straßenseite versetzt (neben dem Haus Breite Straße 14). 1984 wurde in Iserlohn von der „Traditionsgemeinschaft Potsdamer Glockenspiel e.V. Iserlohn" aus Spendengeldern ein Glockenspiel errichtet, das Potsdam 1991 feierlich übergeben wurde. Nahe dem Standort der ehemaligen Garnisonkirche aufgestellt, spielt es zur vollen, halben und Viertelstunde verschiedene Melodien, darunter auch wieder „Üb immer Treu und Redlichkeit".
Foto der Garnisonkirche siehe Seite 44.

Gedenkstätte Potsdam und der 20. Juli 1944

Das Attentat auf Adolf Hitler am 20. Juli 1944 und seine Vorgeschichte sind eng mit Potsdam verknüpft, da viele der Beteiligten in der Stadt lebten und arbeiteten und hier den Umsturz organisierten. Schrifttafeln und Fotos stellen die einzelnen Personen vor, die an der Vorbereitung des Stauffenberg-Attentats mitgewirkt haben. Die Gedenkstätte gehört zum Potsdam-Museum.

Henning-von-Tresckow-Straße 2-8, 14467 Potsdam
03 31-2 89 68 01
03 31-2 89 66 08
Dr. Monika Bierschenk
Besichtigung nur nach vorheriger Anmeldung
Eintritt frei

Am 20. Juli 1944 gelang es Oberst Claus Graf Schenk von Stauffenberg im Führerhauptquartier „Wolfsschanze" während einer Lagebesprechung eine Zeitbombe zu zünden. Stauffenberg verließ die Wolfsschanze, um nach Berlin zurückzufliegen und den Umsturzplan „Walküre" einzuleiten, ohne erfahren zu haben, dass Hitler nur leicht verletzt war. In Berlin, Paris und anderen Orten waren alle Vorkehrungen zur Beseitigung der NS-Diktatur und zum Waffenstillstand getroffen worden. Das Scheitern des Attentats und das Zaudern hochrangiger Offiziere ließen nach einigen Stunden die SS- und SD-Führung die Macht wieder sicher in der Hand halten. Am Abend des 20. Juli wurde das Allgemeine Heeresamt im Berliner Bendlerblock, den die oppositionellen Offiziere besetzt hielten, eingenommen. Die Initiatoren Stauffenberg, Mertz von Quirnheim, Olbricht und Haeften wurden noch in derselben Nacht hingerichtet. Intensive Untersuchungen und eine Welle von Verhaftungen setzten nach dem 20. Juli ein, die etwa 5.000 Gegnern des NS-Regimes das Leben kostete.

An der Vorbereitung des Attentats waren etwa 30 Personen beteiligt, überwiegend Offiziere des in Potsdam stationierten Infanterie-Regiments 9 und des Reichsarchivs. Zu den Männern um Stauffenberg gehörten Fritz Lindemann, Hermann Maaß, Helmuth James Graf von Moltke, Fritz Dietloff Graf von der Schulenburg, Ulrich Wilhelm Graf Schwerin von Schwanenfeld, Henning von Tresckow u. a. Die Bombe wurde vor dem Attentat in der Villa des Oberstleutnant d. R. Fritz von der Lancken in der heutigen Gregor Mendel Straße 26 versteckt. Stauffenberg und Moltke wohnten in Babelsberg, in der heutigen Hermann-Maaß-Straße, Schwerin von der Schwanenfeld und Haeften in der heutigen Leiblstraße. In ihren Wohnungen fanden konspirative Treffen zur Vorbereitung des Attentats statt.

Die Ausstellung erinnert an den Umsturzversuch des 20. Juli 1944 und will am Beispiel Potsdamer Widerstandskämpfer zeigen, wie facettenreich die Motivationen und wie unterschiedlich die Formen und Möglichkeiten des Widerstandes waren.

ter des 20. Juli
gen gerichtet!
ppell des Reichsministers Dr. Goebbels
Der totale Krieg ist für uns alle
ab heute das Gebot der Stunde
Berlin, den 8.

Hillerbrandtsche Häuser – Potsdam-Museum

Das Museum zeigt hier Wechselausstellungen zur Geschichte der Stadt, der Landesgeschichte Brandenburgs sowie zu Natur und Umwelt. Weitere Themen sind die klassische und moderne Kunst der Potsdamer Region.

Breite Straße 8-12, 14467 Potsdam
03 31-2 89 66 00
03 31-2 89 66 08
Dr. Monika Bierschenk
Di-So 9-17 Uhr
Ersten Montag im Monat
Führungen nach Anmeldung unter 03 31-2 89 67 00 (Natur) und 03 31-2 89 68 03 (Geschichte und Kunst)
Führungsgebühr DM 20,–
Straßenbahn 94, 98, H Dortustraße oder 92, 93, 98 H Alter Markt
In der Umgebung
50.000

Die Gebäude erhielten ihren Namen nach den ehemaligen Besitzern, dem Kaufmann Hiller und dem Schneider Brandt. Auf Anordnung Friedrichs des Großen wurden diese drei Wohnhäuser 1769 von Georg Christian Unger mit einer monumentalen Fassade verbunden, durch die sie von der Breiten Straße aus wie ein riesiges Palais wirken. Vorbild für die Fassade war das Londoner Schloss Whitehall.

Die Geschichte des Potsdam-Museums begann mit der Gründung des Potsdamer Museumsvereins 1909, der im Herbst des gleichen

Jahres ein städtisches Museum im Rathaus am Alten Markt eröffnete.

Nach dem Ersten Weltkrieg übernahm die Stadt die ständig erweiterten Sammlungen. In den dreißiger Jahren gehörte zum Stadtmuseum eine kulturhistorische Abteilung am Neuen Markt, eine naturgeschichtliche Sammlung im Stadtschloss, eine prähistorische Sammlung im Rathaus, das Garnison-Museum und eine Gemäldesammlung im Marstall. Im Zweiten Weltkrieg und in der Nachkriegszeit verlor das Museum einen großen Teil seiner Sammlungen. 1946 wurde das Museum im Marstall wieder eröffnet; 1961 siedelte es in das Ständehaus der Breiten Straße 13 über und erhielt als zusätzlichen Ausstellungsort die Hillerbrandtschen Häuser. 1982 erfolgte die Umbenennung in Potsdam-Museum.

Zum Sammlungsbestand gehören Gemälde und Grafiken, Möbel, Textilien, Schrift- und Druckerzeugnisse, Plastiken, Uhren, Fotografien, Spielzeug, Münzen und Medaillen, Zinnfiguren und Formen, Militaria, Plakate, Schmiedeeisen, eine Techniksammlung sowie Zeugnisse der einheimischen Handwerksbetriebe. Alle Objekte sind aus Potsdam und der Region

- In den Hillerbrandtschen Häusern wurden Räume für Wechselausstellungen eingerichtet.
- Weitere Filialen des Potsdam-Museums sind das Museumshaus „Im Güldenen Arm", die Gedenkstätte Potsdam und der 20. Juli 1944, das ehemalige Staatssicherheitsgefängnis in der Lindenstraße 54 mit der Gedenkstätte gegen politische Gewalt, das Museumshaus im Holländischen Viertel und eine Dauerausstellung zum Thema "Glienicker Brücke" in der Berliner Straße 98.
- Die Eröffnung des Ständehauses in der Breiten Straße 13 mit einem Aquarium ist geplant.

Museum Kindertagesstätten in Deutschland – Kita-Museum

Das Museum plant die Entwicklungsgeschichte der öffentlichen Kindererziehung in Deutschland anschaulich darzustellen. Es wendet sich in erster Linie an Pädagogen, aber auch an interessierte Erwachsene, Familien und Jugendliche.

Neue Anschrift! Seeburger Chaussee 2, 14476 Groß Glienicke
03 32 01-4 08 47
03 32 01-4 08 47
Dr. Heidemarie Waninger
Di/Do 12-17 Uhr und nach Vereinbarung
Gruppenbegleitung nach Anmeldung
Einführungsdauer 20-30 Min.,
Ausstellungsrundgang 1-2 Std.
Bus 604, 638, H Groß Glienicke Nord
P am Haus

Das Museum wurde im Herbst 1997 eröffnet und befindet sich noch im Aufbau. Es ist geplant, die Entwicklungsgeschichte vor- und außerschulischer Kindereinrichtungen in Deutschland von ihren Anfängen durch den Pädagogen Friedrich Fröbel bis in die Gegenwart zu dokumentieren. Das Museum möchte Einblicke in Tagesabläufe von Kindereinrichtungen geben, pädagogische Strömungen und einflussreiche Persönlichkeiten der öffentlichen Kindererziehung vorstellen und die politischen Einflüsse auf die Erziehung im Wandel der Zeiten veranschaulichen. Derzeit finden vor allem Wander- und Sonderausstellungen statt. Informationen zu den Ausstellungen und Veranstaltungen können im Kita-Museum angefordert werden. Viele Exponate aus dem Alltag von Kindereinrichtungen der DDR, z. B. Möbel, Spielzeug, Bücher und Bilder, vermitteln Eindrücke zur damaligen pädagogischen Arbeit in Krippe, Kindergarten und Hort.

Originalteile eines Kinderladens vom Ende der sechziger Jahre veranschaulichen die Kinderbetreuung nach dem Konzept der antiautoritären Erziehung. Man sollte sich Zeit nehmen zum Lesen und zum Vergleich der gemeinsamen und trennenden Entwicklungen in den beiden deutschen Staaten.

Zur Zeit werden vier kleine Räume zur gegenständlichen Information über aktuell praktizierte pädagogische Ansätze eingerichtet. Vorgestellt werden die Waldorf-, die Montessori-, die Reggio-Pädagogik und der Situationsansatz in der Kita-Erziehung.

Für Studierende, Eltern und Erzieher werden Seminare durchgeführt. Sie sollen die Kindertagesstätten und Ausbildungsorte anregen, sich mit der Erziehungsgeschichte auseinander zu setzen, aber sie auch motivieren, die Sammlungen zu ergänzen und neue Ausstellungen mitzugestalten.

- In einem Raum ist ein Flohmarkt eingerichtet, in dem Bücher, Schallplatten, Spielzeug und Geschirr gegen Spende erworben werden können.

Dampfmaschinenhaus (Moschee)

Das 1841 bis 1843 errichtete Dampfmaschinenhaus betrieb die Fontänen des Parkes Sanssouci mit Wasser aus der Havel. Sehenswert ist nicht nur die reiche Architektur im türkisch-maurischen Stil, sondern auch die heute wieder funktionstüchtige Dampfmaschine. Das Dampfmaschinenhaus gehört zur Stiftung Preußische Schlösser und Gärten Berlin-Brandenburg.

- ✉ Breite Straße 28, 14467 Potsdam
- ✆ 03 31-9 69 42 48
- Kastellanin: Ulrike Zumpe
- 15. Mai-15. Okt. Sa/So 10-17 Uhr, Kassenpause: 12.30-13 Uhr
- ☞ Nur mit Führung zu besichtigen, für Gruppen Anmeldung im Besucherzentrum der Stiftung, Führungsdauer 20-30 Min.
- Straßenbahn 94, 96, 98, H Luisenplatz
- P An der Markthalle/Wohngebiet Einfahrt Zeppelinstraße

Vergeblich hatte Friedrich II. Gelder für „Fontainiers" und Material ausgegeben, um die Wasserspiele im Park Sanssouci in Gang zu setzen. Erst ein knappes Jahrhundert später, als Friedrich Wilhelm IV. in seiner Verehrung für Friedrich den Großen seine Wohnung in Sanssouci nahm und den Park erweiterte, wurde das Projekt verwirklicht. 1840 gab Friedrich Wilhelm den Auftrag zum Bau eines Dampfmaschinenhauses, um das Wasserbecken auf dem Ruinenberg ausreichend zu versorgen. Als Standort wurde die Havelbucht in der Brandenburger Vorstadt gewählt, an der die direkt am Wasser gebaute Architektur eine malerische Wirkung erzielte. Auf Wunsch Friedrich Wilhelms IV. entwarf

Ludwig Persius hat wenige Jahre später ein weiteres Maschinenhaus für den Park Babelsberg errichtet, diesmal im „normannischen" Stil.

Dampfmaschinenhaus (Moschee)

Ludwig Persius das Gebäude in Gestalt einer Moschee und verbarg den Schornstein hinter einem Minarett.

Persius orientierte sich bei der Gestaltung der Innenarchitektur des Dampfmaschinenhauses am maurischen Stil Südspaniens. Die Hufeisenbögen über schlanken Säulen und die filigrane Ornamentik sind aus Gusseisen gefertigt. Im Zusammenwirken mit der farbigen Schablonenmalerei verleihen sie den Innenräumen ein märchenhaft exotisches Flair. Es können die beiden Pumpkammern und der Maschinenraum mit der dampfbetriebenen Zweizylinder-Zwillingsbockmaschine besichtigt werden. Nur die linke Pumpkammer ist im Original erhalten. Die rechte dient heute als Ausstellungsraum. Den Auftrag für die damals größte Dampfmaschine Deutschlands mit 81,4 PS bekam die Berliner Eisengießerei und Maschinenbaufabrik August Borsig, die bereits Maschinen für die Fontänen in Glienicke und Charlottenhof geliefert hatte. Bis 1895 war die alte Dampfmaschine in Betrieb. Für die neue Dampfmaschine mit liegenden Zylindern erhielt die Moschee einen Anbau. 1984/85 wurde die Moschee mit der Maschinenanlage restauriert und als technisches Denkmal wieder eröffnet. Die nun wieder funktionstüchtige Dampfmaschine wird bei Führungen mit einem Elektromotor in Betrieb gesetzt. Heute versorgen ein Elektromotor und zwei moderne Kreiselpumpen den Park mit Wasser, ein Mikroprozessor überwacht die automatische Füllung des Beckens auf dem Ruinenberg.

Das Wasserbecken auf dem Ruinenberg zeugt von den Bemühungen bereits zur friderizianischen Zeit um Wasserspiele im Park Sanssouci. Von hier aus werden heute noch die Fontänen gespeist.

Architekturdetail

Teufelsbrücke
Lendelallee
holzstraße
Grabenstr.
Eichenallee
Borns
Frie
Lindstedter Chaussee
Schloß Lindstedt
Amundsenstr.
Belvedere auf dem Klausberg
Drachenhaus
Maulbeerallee
Am Drachenberg
Botanisch Garten
Am Neuen Palais
Abzweig nach Eiche
Drachenhaus
Lindstedter Weg
Prinzen-spielburg
Universität Potsdam/ Botan. Institut
Universität Potsdam
Linden-allee
Antiken-tempel
Park Sanssou
Mopke
Neues Palais
Communs
Freundschafts-tempel
Ökonomieweg
Neues Palais
Lindenavenue
Park Charlottenhof
Am Neuen Palais
Kaiserbahnhof
695
Werderscher Damm
Bhf Wildpark
Geschwister-Scholl-Str.
Schloß Charlott
Hippodrom
Fasanerie

Ruinenberg
Pappelallee
Jäger-
vorstadt
Born-
stedter
See
Ruinenbe
Brentanoweg
Bornstedter Str.
An der
Einsiedelei
Voltaireweg
Parkstr.
Schlegelstr.
Tieckstr.
Historische
Mühle
An der Orangerie
Schloß Sanssouci
Gregor-Mendel-Str.
Nordischer
Garten
Grabstätte
Weinbergstr.
Felsentor
Schloß Sanssouci
Triumpftor
695
Bildergalerie
Neue Kammern
Sizilianischer
Garten
Neptun-
grotte
Hegelallee/
Schopen-
hauerstr.
Große Fontäne
Obeliskportal
ptallee
Friedenskirche
Schopenhauerstr.
Marlygarten
Grünes Gitter
Luisenplatz
Allee nach Sanssouci
Am Grünen Gitter
Chinesisches
Haus
Luisen-
platz
chafgraben
Luisen-
platz
Zimmer-
platz
Zimmerstr.
Kaserne
der Leib-
gendamerie
Zeppelinstr.
Lennéstr.
Lennéstr.
Brandenburger
Vorstadt
Feuerbachstr.
Breite Str.
Hans-Sachs-Str.
Meistersingerstr.
C.-v.-Ossietzky-Str.
Erlöser-
kirche
Nansenstr.
Clara-Zetkin-Str.
Sellostr.
Dampfmaschinenhaus
Auf dem
Kiewitt
94
98
Neustädter
Havelbucht
Auf dem
Geschw.-Scholl-Str.
Stiftstr
Hans-Sachs-Str.
nhof

Park Sanssouci

Der 287 ha große Park Sanssouci ist ein Ensemble von unterschiedlichen Gartenanlagen und zahlreichen Schlössern. Er wurde unter Friedrich dem Großen begonnen und bis zum Beginn des 20. Jahrhunderts vor allem unter Friedrich Wilhelm IV. Mitte des 19. Jahrhunderts, beträchtlich erweitert. Der Park Sanssouci gehört zur Stiftung Preußische Schlösser und Gärten Berlin-Brandenburg.

✉ Informationszentrum für den Park und alle Anlagen der Stiftung Preußische Schlösser und Gärten Berlin-Brandenburg: Besucherzentrum im Park Sanssouci, An der Historischen Mühle

✆ 03 31-9 69 42 02

Leiterin des Parkreviers: Silke Kösters

April-Okt. Mo-So 8.30-17 Uhr; Nov.-März Mo-So 9-16 Uhr

☞ Anmeldung für Führungen durch den Park im Besucherzentrum Sanssouci, weiter Informationen im hinteren Buchteil

Friedrich der Große erwarb 1744 den „Wüsten Berg", einen Hügelzug zwischen Potsdam und Bornstedt. Unter der Leitung von Georg Wenzeslaus von Knobelsdorff entstand dort auf einem Weinberg das Sommerschloss Sanssouci - erstes und berühmtestes Bauwerk des Parkes. Das kleine Weinbergschloss umgab Friedrich mit Parterre- und Boskettgärten und ließ Wein, Obst und verschiedene Gemüsearten pflanzen. Nur wenige Jahre später erhielt Schloss Sanssouci eine Orangerie und eine Bildergalerie als Nachbarbauten. Der Park wurde nach und nach vergrößert. Bis zu seinem Tod 1786 hatte Friedrich II. vier Schlösser in Sanssouci errichtet, vom riesigen Neuen Palais mit seiner mächtigen Kuppel bis zur einstöckigen Bildergalerie. Hinzu kommen Pavillons wie das Belvedere auf dem Klausberg und Bauten für Bedienstete wie z.B. das Drachenhaus.

Große Allee im Park Sanssouci

Im 19. Jahrhundert wurde der Park unter Friedrich Wilhelm IV. wesentlich vergrößert und nochmals durch mehrere Schlösser und einen Kirchenkomplex erweitert. Friedrich Wilhelm IV. hielt sich in seiner Verehrung für Friedrich II. besonders gern in Sanssouci auf. Er ließ von Ludwig Persius und Peter Joseph Lenné die von Friedrich II. geplanten Wasserkünste ausführen. Schloss Charlottenhof, die Römischen Bäder, das Orangerieschloss und die Friedenskirche sind von der Italiensehnsucht Friedrich Wilhelms IV. geprägte Architekturgruppen, für die Schinkel, Persius und der König selbst die Entwürfe zeichneten. Eingebettet in Landschaftsgärten von Peter Joseph Lenné stellen sie die malerischsten Teile des Parkes dar. Friedrich Wilhelm IV. wollte den Park im Norden durch eine Triumphstraße auf dem Bornstedter Höhenzug abschließen, doch es wurden von diesem großartigen Projekt nur Teile realisiert.

Am besten kann sich der Besucher an der etwa zwei Kilometer langen Hauptachse orientieren, die im Osten am Obelisken beginnt und über das „Mohrenrondell“, das „Oranierrondell“ und „Musenrondell“ bis zum Neuen Palais führt. Die meisten Bauten aus friderizianischer Zeit sind seitlich des Weges „aufgereiht“. Tiefer im Park ist Schloss Charlottenhof in der Ferne zu sehen.

Im Park Sanssouci

Schloss Sanssouci

Schloss Sanssouci war das Lieblingsschloss Friedrichs des Großen. Georg Wenzeslaus von Knobelsdorff baute 1745 bis 1747 das intime, ganz auf die Privatbedürfnisse des Königs zugeschnittene Rokokoschloss. Die Innenräume mit ihren erlesenen Stuckdekorationen gehören zu den bedeutendsten Raumschöpfungen des 18. Jahrhunderts.
Schloss Sanssouci gehört zur Stiftung Preußische Schlösser und Gärten Berlin-Brandenburg.

03 31-9 69 41 90
Kastellanin: Hannelore Thimm
Jan.-März; Nov./Dez.: Di-So 9-16 Uhr
April-Okt. Di-So 9-17 Uhr
Kassenpause: 12.30-13 Uhr
Nur mit Führung zu besichtigen, letzte Führung 16 bzw. 17 Uhr,
Dauer der Führung ca. 40 Min.,
sehr viele Besucher, besonders in der Saison und an Wochenenden;
Wartezeit muss eingerechnet werden
Bus 695, H Schloss Sanssouci;
Straßenbahn 94, 98, H Luisenplatz
An der Historischen Mühle
330.000
Rollstuhlrampe

Mit dem Bau des Sommerschlosses Friedrichs des Großen begann die Geschichte des Parkes Sanssouci. Georg Wenzeslaus von Knobelsdorff, Freund und Vertrauter des Königs seit dessen Rheinsberger Zeit, baute die private Sommerresidenz auf dem Plateau des 1744 gekauften Höhenzuges. Er hatte in der Architektur genau Friedrichs eigenhändigen Entwurfszeichnungen zu folgen.

Schloss Sanssouci

In nur zweijähriger Bauzeit wurden der Schlossbau und die sechs konkav geschwungenen Weinbergterrassen geschaffen. Neigungswinkel und Form der Terrassen richteten sich nach der optimalen Ausnutzung der Sonnenstrahlen.

Das kleine Lustschloss ist eingeschossig und erhebt in seiner Außenarchitektur vergleichsweise wenig Anspruch auf Repräsentation. An der Eingangsseite angefügte Seitenflügel mit einer halbrunden Säulenkolonnade bilden einen Ehrenhof. Die Gartenseite gliedern Doppelhermen, heitere, mit Weinreben geschmückte Bacchanten und Bacchantinnen.

Um eine repräsentative Fernsicht zu erreichen, wollte Knobelsdorff das Schloss auf einen Sockel an den äußersten Rand der Terrasse errichten. Er musste sich jedoch der Anweisung des Königs beugen, der einen bequemen ebenerdigen Zugang zur Terrasse forderte. Deshalb erlangt das Schloss keine dominante Wirkung und entschwindet sogar dem Blick des am Fuß des Weinbergs stehenden Betrachters.

Der Bau folgt dem französischen Typus der „maisons de plaisance" (Lusthaus) nach dem Vorbild des Grand Trianon bei Versailles: ein einstöckiges, eng mit dem Garten verbundenes Gebäude mit ebenerdigen breiten Fenstertüren und einem zentralen Saal. In Sanssouci liegen ein prachtvoll ausgestattetes Vestibül und ein ovaler, marmorverkleideter Saal in der Mittelachse. Seitlich schließen jeweils fünf Räume an: fünf königliche Gemächer auf der Ostseite, fünf Gästezimmer im Westen.

Das Haus war nur für den König und seine Gäste konzipiert. Fernab vom Hofstaat, sollte es Friedrich ermöglichen, wie ein Privatmann und ohne Sorge – sans souci – zu leben. Vor allem als junger König umgab er sich gern mit intellektuellen und geistreichen Persönlichkeiten, mit denen er sich im ovalen Marmorsaal zu den berühmten Tafelrunden traf. Bedeutendster Gast dieser gelehrten Tischgespräche war der französische Philosoph und Aufklärer Voltaire, der fast drei Jahre am preußischen Hof verbrachte. Friedrich zahlte dem Franzosen ein stattliches Gehalt, wofür er täglich Unterricht in Rhetorik, Stil und Poetik erhielt. Voltaire soll im vierten, nach ihm

Schloss Sanssouci, Voltairezimmer

Schloss Sanssouci, Bibliothek

benannten Gästezimmer gewohnt haben, ein Raum, der mit außergewöhnlichen naturalistisch bemalten Holzschnitzereien verziert ist. Affen, Kraniche, Eichhörnchen und Vögel beleben hier, neben Früchten und Blumengirlanden, die Wände und die Decke.

Die dekorative Ausstattung der Räume im friderizianischen Rokoko geht auf Georg Wenzeslaus von Knobelsdorff, Johann August Nahl und die Gebrüder Hoppenhaupt zurück. Sie entspricht dem Charakter eines Lustschlosses. Vor allem die königliche Wohnung zeichnet sich durch elegante vergoldete Stuckdekorationen aus, herausragend sind die königliche Bibliothek und das Konzertzimmer. Die Bibliothek folgt im Grundriss Friedrichs Arbeitszimmer im Schloss Rheinsberg. In den Zedernholzschränken befindet sich eine der Bibliotheken des Königs. Jedes Buch erhielt einen leuchtend roten Einband in Ziegenleder mit der Einprägung V, die für Vigne, Weinberg, steht. Unter den 2.288 Bänden ist nicht ein einziges deutschsprachiges Buch, denn Friedrich las nur französisch.

Friedrich hatte sich neben der Bibliothek im Schloss Sanssouci weitere im Schloss Rheinsberg, im Schloss Charlottenburg, im Berliner Schloss, im Schloss zu Breslau, im Potsdamer Stadtschloss und im Neuen Palais einrichten lassen.

Zu den kostbarsten Räumen gehört auch das Konzertzimmer mit den 5 Wandgemälden Antoine Pesnes. Adolph Menzel malte das Zimmer 1852 auf seinem Bild „Das Flötenkonzert von Sanssouci" (Nationalgalerie Berlin).

Weitere Gemälde von Pesne finden Sie im Neuen Palais in der Pesnegalerie.

Der König richtete sich ebenfalls eine kleine Bildergalerie mit ausgewählten Werken von Nicolas Lancret, Antoine Watteau und Jean-Baptiste Pater ein, in der er auch Skulpturen und Porzellane aufstellte.

Die Räume des Schlosses Sanssouci behielten zum großen Teil auch das Mobiliar aus friderizianischer Zeit.

Friedrich der Große verstarb 1786 in seinem Arbeits- und Schlafzimmer. Es ist das einzige Zimmer, in dem die ursprüngliche Innengestaltung nicht erhalten blieb. Als der König starb, war der Raum völlig verwohnt. Besucher des altersschwachen Friedrich berichteten entsetzt über den unsauberen Zustand des Zimmers, in dem der König mit seinen Windhunden wohnte. Noch im Todesjahr 1786 holte sein Neffe und Nachfolger Friedrich Wilhelm II. den Dessauer Architekten Friedrich Wilhelm von Erdmannsdorff nach Potsdam und ließ das Sterbezimmer seines ungeliebten Onkels im klassizistischen Stil neu gestalten. Seit dem Tod der Witwe Friedrich Wilhelms IV. 1873 sind die Räume von Schloss Sanssouci als Museum zugänglich.

Zu besichtigen sind auch der Damenflügel aus der Zeit Friedrich Wilhelms IV. und die Schlossküche.

Am östlichen Ende der obersten Terrasse von Sanssouci liegt die Grabstätte Friedrichs des Großen. Der König ließ die Gruft schon 1744 zusammen mit der Anlage der Terrassen bauen und bestimmte sie zu seiner letzten Ruhestätte. Doch als Friedrich 1786 starb, bestattete Friedrich Wilhelm II. ihn neben seinem Vater in der Garnisonkirche. 1943 wurden beide Sarkophage in das Hauptquartier Hermann Görings gebracht, im März 1945 schließlich gemeinsam mit Gemälden, Gobelins und Büchern aus Potsdamer und Berliner Schlössern im Kalibergwerk Bernterode bei Leinefelde (Thüringen) ausgelagert. Nach Kriegsende wurden sie zunächst in der Marburger Elisabethkirche beigesetzt und 1952 schließlich in die Christuskapelle der Burg Hohenzollern überführt. Erst 1991 kehrten die Särge beider Könige nach Potsdam zurück. An Friedrichs 205. Todestag erfüllte sich endlich sein testamentarischer Wunsch. 1991 wurde er neben seinen Windspielen in Sanssouci beigesetzt. Über seiner Gruft steht eine Statue der Flora mit dem Zephyr, die Friedrich für sein Grab anfertigen ließ.

Weitere von Knobelsdorff entworfene und erhaltene Bauten in Potsdam sind die Ringerkolonnade an der Havel, das Haus Am Alten Markt 1/Ecke Brauerstraße (heute mit dem Alten Rathaus zum Kulturhaus verbunden), die Französische Kirche am Bassinplatz, der Rest des Neustädter Tores (Obelisk).

Schloss Sanssouci, Kleine Galerie

Schloss Sanssouci, Bacchanten

Damenflügel Schloss Sanssouci

In dem 1840 seitlich von Schloss Sanssouci für den Hofstaat Friedrich Wilhelms IV. gebauten Flügel befinden sich höfische Räume im Stil des Neurokoko. Der Damenflügel des Schlosses Sanssouci gehört zur Stiftung Preußische Schlösser und Gärten Berlin-Brandenburg.

03 31-9 69 41 84
Kastellanin: Hannelore Thimm
15. Mai-15. Okt. Sa/So 10-17 Uhr
Kassenpause 12.30-13 Uhr
Bus 695, H Schloss Sanssouci;
Straßenbahn 94, 98, H Luisenplatz
Parkplätze an der Historischen Mühle
17.000

Schloss Sanssouci wurde 1840 erneut die Hauptresidenz eines Königs. Friedrich Wilhelm IV. bezog jedoch aus Pietät nicht die Wohnräume seines verehrten Urgroßonkels. Er richtete sich in den Gästezimmern des Westflügels ein, in denen er bereits als Kronprinz gelebt hatte. Die seitlichen Wirtschaftsflügel des 18. Jahrhunderts waren baufällig geworden. Diese Gebäudeteile wurden nun für die dem Hofstaat bisher fehlenden Räumlichkeiten ausgebaut. Die vormals eingeschossigen Ökonomieflügel erweiterte Ludwig Persius zu zweigeschossigen Trakten. Er brachte im östlichen Flügel die Hofküche unter, im westlichen, dem sog. Damenflügel, Hofdamenwohnungen im Stil des Neurokoko. Persius entwarf seine Architektur so einfühlsam, dass sie sich nicht sogleich als Erweiterungsbau des 19. Jahrhunderts erschließt. Auch die Innenräume wurden auf Wunsch Friedrich Wilhelms im „einfachen Roccoco Stil" eingerichtet. In beiden Stockwerken wurden je drei Appartements angelegt. Jede

Wohnung umfasst zwei Zimmer, davon eines mit Bettnische, Bedientenzimmer und Toilette.

Räume im Neurokoko Friedrich Wilhelms IV. befinden sich im Park Sanssouci auch im Orangerieschloss.

Die Ausstattungen der Wohnungen mit Möbeln, Gemälden, Porzellanen und Statuetten stammen aus der Zeit von 1840 bis 1845. Herausragend in seiner Gestaltung ist das Traumzimmer mit seinen grünen, mit Silber dekorierten Wänden. Persius mußte eine ursprünglich schlichtere Vertäfelung auf Anordnung des Königs wieder abnehmen, da sie nicht seinem im Traum erschienenen Bild von der Ausstattung entsprach.

Damenflügel des Schlosses Sanssouci, Traumzimmer

Schlossküche im Schloss Sanssouci

Der Küchenflügel wurde nach 1840 für Friedrich Wilhelm IV. und seinen Hofstaat eingerichtet. Zu sehen sind die Große Küche mit ihrer weitgehend originalen Ausstattung und die Backstube. Die Schlossküche im Schloss Sanssouci gehört zur Stiftung Preußische Schlösser und Gärten Berlin-Brandenburg.

03 31-9 69 41 84
Kastellanin: Hannelore Thimm
15. Mai-15. Okt. Sa/So 10-17 Uhr
Kassenpause 12.30-13 Uhr
Führungen nur nach Vorbestellung im Besucherzentrum, benötigte Zeit 5-10 Min.
Behindertengerecht
12.000

Friedrich Wilhelm IV. ließ die seitlichen Wirtschaftsflügel von Schloss Sanssouci verlängern und erhöhen. Im Ostflügel wurden die Küchen- und Vorratsräume eingerichtet. Die Große Küche nimmt mit 115 m² die gesamte Breite des Flügels ein. Ihr Mobiliar und ihre Geräte haben sich weitgehend aus dem 19. Jahrhundert erhalten. Zu sehen sind die Pumpanlage mit zwei steinernen Wasserbecken, der große Rauchfang, ein Wärmeschrank, ein Mörser, ein Castrolherd, Arbeitstische und eine Reihe von Küchengeräten. Wichtigstes Ausstattungsstück ist die gusseiserne Kochmaschine, die mit mehreren Brat- und Backröhren, einem Grill, einer Wasserblase für ständiges Warmwasser und einem Wärmeschrank ausgestattet ist. An diesem Herd konnten von allen Seiten gleichzeitig viele Küchenangestellte arbeiten.

Eine kleine Backkammer, eine Konditorei, ein eigener Raum für die Eisbereitung und der Weinkeller gehörten ebenso wie die Lampenkammer zur Aufbewahrung der Kerzen und Öllampen und die Räume für die Köche und Bediensteten zum Küchenflügel.

Bis 1873 wurden die Küchenräume alljährlich zwischen Mai und Ende November genutzt.

Schloss Sanssouci, Schlossküche

Ruinenberg

Auf dem Berg befinden sich künstliche Ruinen, die sich um ein Wasserbecken gruppieren, das von Friedrich II. zur Speisung der Fontänen von Sanssouci angelegt wurde. Die umliegende Landschaft wurde unter Friedrich Wilhelm IV. umgestaltet und die Baugruppe durch einen Aussichtsturm ergänzt. Der Ruinenberg gehört zur Stiftung Preußische Schlösser und Gärten Berlin-Brandenburg.

Leiter des Parkreviers: Sven Kerschek

Bus 695, H Schloss Sanssouci

Vom Schloss Sanssouci hat man den Blick auf den gegenüberliegenden Höhneberg mit seiner malerischen Ruinenkulisse. Die Gestaltung dieser Bergkuppe hängt mit den Fontänenanlagen des Parkes Sanssouci zusammen. Nach Fertigstellung des Schlosses Sanssouci beauftragte Friedrich der Große im Frühjahr 1748 Johan Bouman und den holländischen „Fontainier" Heintze mit dem Bau eines Hebewerks, um das Havelwasser für den Betrieb der Fontänen von Sanssouci zu nutzen. Auf der Kuppe des Höhneberges wurde ein rundes Wasserbecken ausgehoben. Doch der Versuch, das Havelwasser in das 74 m hoch gelegene Becken zu pumpen, scheiterte immer wieder. Zu den Projekten gehörte eine englische „Feuermaschine", die das Wasser mit Dampfkraft heben sollte, und vier Windmühlen, von denen jedoch nur eine gebaut wurde. Nur ein einziges Mal, am Karfreitag des Jahres 1754, konnte dem König ein Fontänenstrahl vorgeführt werden. Aus dem Becken floss jedoch kein Havelwasser, sondern das Schmelzwasser vom Schnee, den man im Winter in das Becken geschaufelt hatte. Nachdem 168.490 Taler ohne sichtbares Ergebnis ausgegeben waren, wurden die Pläne 1780 aufgegeben. Erst Friedrich Wilhelm IV. nahm das Projekt seines Großonkels wieder auf und brachte mit Hilfe der Dampfmaschine in der „Moschee" die Fontänen zum Sprudeln.

Blick vom Ehrenhof des Schlosses Sanssouci auf den Ruinenberg

Die Spitze des Ruinenberges war durch den Bau des Wasserreservoirs baumlos geworden. Friedrich II., der den Berg von seinem Schloss aus sah, ließ den Gipfel nun als Point de vue, als Blickpunkt, gestalten. Knobelsdorff fertigte die Entwürfe für eine Gruppe römischer Ruinen, die der König aber vom Dekorationsmaler der Berliner italienischen Oper, Bellavita, überarbeiten ließ. Als Ergebnis entstand um das Bassin eine als Kulisse gehaltene antikisierende Ruinengruppe: ein sechzehnsäuliger Rundtempel mit „eingestürztem" Kuppeldach und drei Säulen mit Gebälk. Künstliche Ruinen waren im 18. Jahrhundert nicht außergewöhnlich, sondern häufige Bestandteile barocker Gärten. Hinter dem Becken erhebt sich die Mauer eines Amphitheaters. 1774 kam eine in den Proportionen etwas klein geratene Pyramide hinzu.

Friedrich Wilhelm IV. und sein Gartendirektor Peter Joseph Lenné gestalteten den Ruinenberg und seine Umgebung durch eine dichte Bepflanzung mit schnell wachsenden Bäumen und geschwungenen Wegeführungen neu. Um jedoch auch weiterhin den Blick vom Ruinenberg nach allen Seiten zu ermöglichen, ließ der König an die friderizianische Zirkuswand einen Aussichtsturm errichten, von dessen Plattform sich ein unvergleichlicher Blick über Sanssouci und Potsdam bot. 1846 wurde der „Normannische Turm" nach Plänen von Ludwig Persius fertig gestellt. In seinem Innern befanden sich ein Teezimmer und eine Wächterwohnung.

Der Turm brannte 1945 aus. Seine Wiedereröffnung ist geplant.

Bildergalerie

Die Bildergalerie ließ Friedrich II. 1755 bis 1763 nach Plänen Johann Gottfried Büring's errichten. Sie ist der früheste Museumsbau auf deutschem Boden. Der lang gestreckte, prachtvoll ausgestattete Innenraum beherbergt eine bedeutende Gemäldesammlung mit Werken des italienischen und flämischen Barock. Die Bildergalerie gehört zur Stiftung Preußische Schlösser und Gärten Berlin-Brandenburg.

03 31-9 69 41 81
Kastellanin: Hannelore Thimm
15. Mai-15. Okt. Di-So 10-17 Uhr
Kassenpause 12.30-13 Uhr
Führungen nur nach Vorbestellung im Besucherzentrum
Bus 695, H Schloss Sanssouci
Straßenbahn 94, 98, H Luisenplatz
An der Historischen Mühle
40.000

Um auf kulturellem Gebiet anderen Fürsten seiner Zeit nicht zurückzustehen, wünschte sich Friedrich II. eine Galerie, die er mit Gemälden und Skulpturen füllen wollte. Unmittelbar neben Schloss Sanssouci erbaute Johann Gottfried Büring ab 1755 ein Galeriegebäude, dessen Fertigstellung sich wegen des Siebenjährigen Krieges bis 1763 verzögerte.

Anregung für die Architektur und die Lage auf einer tiefer gelegenen Gartenterrasse war die östlich von Sanssouci stehende Orangerie, die späteren Neuen Kammern. Wie diese ist die Bildergalerie lang gestreckt, eingeschossig und besitzt einen aus der Fassade heraustretenden Mittelbau, den Büring hier mit einer Kuppel krönte.

Der plastische Schmuck am Außenbau der Galerie nimmt auf den Zweck des Gebäudes Bezug: Die Skulpturen der Gartenfassade von Johann Peter Benkert, Johann Gottlieb Heymüller u. a. verkörpern die Künste und Wissenschaften, die Schlusssteinmasken stellen berühmte Künstler dar.

Der Besucher betritt die Galerie an der Westseite durch das Treppenhaus. Das Innere bildet ein lang gestreckter Saal, dessen festliche Ausstattung mit Marmor und vergoldetem Stuck den Besucher nach dem schlichten Äußeren der Galerie völlig überrascht. Stuckierte und vergoldete Kassettierungen und allegorische Darstellungen der Künste zieren die Decke. Gelber Giallo-antico-Marmor und weißer Carraramarmor bilden die Wand- und Bodenpaneele. In dem einheitlichen Galerieraum hebt sich der mittlere Teil durch Säulenpaare, Kuppel und Oberlicht heraus. In dieser Art war bereits die Gemäldegalerie im Berliner Stadtschloss unterteilt. Ein kleines Kabinett an der Ostseite ist zur Aufnahme klein formatiger Bilder bestimmt.

Bildergalerie

Die Galerie ist 1993 bis 1996 restauriert worden, wobei auch der ursprüngliche gelb-weiße Marmorfußboden wiederhergestellt wurde. Friedrich II. sammelte Gemälde nicht kontinuierlich, sondern pragmatisch für die Ausstattung seiner Schlösser. Für seine Bildergalerie, die das Renommee des preußischen Staates erhöhen sollte, erwarb der König erst kurz vor der Errichtung die ersten Gemälde. Hatte er als junger Mann die Gemälde Antoine Watteaus bevorzugt, orientierte er sich nun an den Lehren der Akademien und erwarb Historienmalerei der Renaissance und des Barock. Trotz seiner Ungeduld, die Galerie rasch auszustatten, und mangelnder künstlerischer Beratung gelang es Friedrich, neben Meisterwerken italienischer, holländischer, flämischer und französischer Bilder, darunter beispielsweise Correggios „Leda" (heute Staatliche Museen zu Berlin PK, Gemäldegalerie), auch qualitätvolle Skulpturen zu erwerben.

Ein Teil der Kunstwerke wurde später an die 1830 eröffneten Berliner Museen abgegeben. In der Bildergalerie verblieb dennoch eine

Peter Paul Rubens, Die Krönung der Diana, um 1625

Guido Reni, Der Tod der Kleopatra, 1625

reiche Sammlung vor allem flämischer und italienischer Spätrenaissance- und Barockmalerei, darunter Werke von Peter Paul Rubens, Jacob Jordaens, Anton van Dyck, Gerard van Honthorst, Rembrandt, Jacopo Tintoretto und Guido Reni. Zu den hochrangigsten Bildern zählen Caravaggios „Der ungläubige Thomas", Rubens' „Krönung der Diana" und Guido Renis „Der Tod der Kleopatra". Alle Bilder hängen nach barocker Manier dicht neben- und übereinander an der Nordwand des Saales. Modern war die Trennung der Gemälde nach Schulen: Im westlichen Flügel und im Mittelteil der Galerie hängen die Bilder niederländischer Meister, im östlichen Flügel die italienischer Künstler.

Die antiken Büsten auf vergoldeten Konsolen an der Fensterseite, die römischen Sarkophagreliefs und die überlebensgroßen Statuen antiker Götter zeitgenössischer französischer Bildhauer sind ein Rest der friderizianischen Skulpturensammlung. Im östlichen Kabinett steht Berninis Büste des Kardinals Richelieu, die bis in das 19. Jahrhundert zu der im Antikentempel aufgestellten Sammlung gehörte.

Neue Kammern

Das Gästeschloss Friedrichs II. enthält vier festlich ausgestattete Säle und sieben Kavalierszimmer, die variantenreiche und bedeutende Dekorationen der spätesten Phase des friderizianischen Rokokos aufweisen.
Die Neuen Kammern gehören zur Stiftung Preußische Schlösser und Gärten Berlin-Brandenburg.

03 31-9 69 42 06
Kastellan: Reiner Jens Uhlmann
April-14. Mai Sa/So 10-17 Uhr
15. Mai-15. Okt. Di-So 10-17 Uhr
Kassenpause: 12.30-13 Uhr
Dauer der Führung 40 Min.
Bus 695, H Schloss Sanssouci
Straßenbahn 94, 98, H Luisenplatz
An der Historischen Mühle
56.000
Behindertengerecht

Westlich des Schlosses Sanssouci, auf einer niedriger gelegenen Terrasse, errichtete Georg Wenzeslaus von Knobelsdorff 1747 eine Orangerie für die Überwinterung der südländischen Gewächse des Parkes. Wie Schloss Sanssouci entstand auch die Orangerie als eingeschossiger lang gestreckter Bau mit erhöhtem Mittelrisalit. Ihre Architektur ist jedoch schlichter als die des Schlosses und der Skulpturenschmuck zurückhaltender. Eine vor der Fassade aufgestellte Reihe von 28 Statuen italienischer Bildhauer vermittelt zwischen Architektur und Garten. Im Sommer stand die Pflanzenhalle leer und man nutzte sie für Bälle, Konzerte und große Tafeln. Als der König merkte, dass sein kleines Schloss Sanssouci für die Gäste, die er in seiner Nähe wünschte, nicht mehr ausreichte, befahl er den Ausbau der Orangerie zu einem Kavaliershaus, den Neuen Kammern. Georg Friedrich Unger leitete 1771 bis 1775 den Umbau, durch den eindrucksvolle spätfriderizianische Raumschöpfungen entstanden.

Nach dem Vorbild der inzwischen erbauten Bildergalerie erhöhte Unger den Mittelrisalit mit einer Kuppel und vervollkommnete damit das einheitliche Ensemble von Schloss Sanssouci und seinen beiden flankierenden Bauten.

Den mittleren und östlichen Teil der Neuen Kammern nehmen vier Säle ein, deren Gestaltung sich vom sparsam dekorierten Empfangssaal, der Blauen Galerie, bis zum glanzvollen Höhepunkt der Enfilade, dem Jaspissaal, steigert. Auf den Buffetsaal folgt die lang gestreckte Ovidgalerie, in der vierzehn vergoldete Stuckreliefs der Gebrüder Räntz die Liebesgeschichten aus den Metamorphosen des Ovid darstellen. Der hinter dem Mittelrisalit gelegene Jaspissaal ist der prachtvollste Raum der Neuen Kammern. Hellgrauer schlesischer Marmor und roter schlesischer Jaspis bestimmen das Kolorit des Raumes. Dreißig antike Büsten stehen auf vergoldeten Konsolen. Friedrich II. hatte 1742 von dem französischen Kardinal Polignac eine Sammlung antiker Skulpturen und Reliefs erworben, zu denen auch die Büsten im Jaspissaal gehörten. Ein großer Teil von ihnen wurde 1829 an das Berliner Antikenmuseum abgegeben. Die entnommenen Büsten wurden hier durch vergleichbare Stücke aus anderen Schlössern ersetzt.

Im westlichen Flügel der Neuen Kammern liegen sieben Gästezimmer, darunter das Große und das Kleine Intarsienkabinett der Gebrüder Spindler. Die beiden aus Bayreuth berufenen Tischler schufen kunstvolle Ornamente, Blumenranken, Vögel und Früchte als Intarsien in birkenholzfurnierten Vertäfelungen. Die Zimmer sind mit Mobiliar und Gemälden des späten Rokoko ausgestattet. Besonders interessant ist eine Reihe von Potsdamer Stadtansichten aus den Jahren 1771 bis 1773.

Neue Kammern, Jaspissaal

Historische Mühle

Die Holländermühle beherbergt in den oberen Stockwerken eine Getreidemühle, die den technischen Zustand einer Mühle im 19. Jahrhundert wiedergibt. Im unteren Teil befinden sich mühlenkundliche Ausstellungen und eine (Kunst-)Galerie. Die Windmühle gehört der Stiftung Preußische Schlösser und Gärten Berlin-Brandenburg und wird durch die Mühlenvereinigung Berlin-Brandenburg e.V. betrieben.

Maulbeerallee 5, 14469 Potsdam
03 31-9 69 42 84
03 31-9 69 42 84
Geschäftsführer: Torsten Rüdinger
April–Okt. täglich 10-18 Uhr, Nov.–März Sa/So 10–16 Uhr
Regelmäßige Führungen für Erwachsene, Kinder und Schulklassen; bei Gruppen und Schulklassen sind vorherige telefonische Anmeldungen erwünscht
Dauer der Führung 45 Min.-1 Std.
Bus 695 ab Potsdam Hbf., H Schloss Sanssouci
An der Historischen Mühle
65.000

Als Friedrich II. das Schloss und den Park Sanssouci anlegte, stand an der Stelle der heutigen Holländermühle eine Bockwindmühle von 1739, deren Betrieb Friedrich auch weiterhin erlaubte. Die am Schloss gepflanzten Bäume nahmen jedoch bald der Mühle den Wind. Einen Antrag des Müllers nach Verlegung der Mühle lehnte der König ab, „weil die Mühle dem Schlosse zur Zierde gereiche". Erst sein Nachfolger Friedrich Wilhelm II. ließ 1790/91 eine größere Mühle mit steinernem Unterbau und umlaufender Galerie nach holländischem Vorbild errichten. Im Gegensatz zur Bockwindmühle, bei der der gesamte Mühlenkasten drehbar ist, braucht bei einer Holländer-Mühle nur die Kappe gedreht werden, um das Flügelkreuz in den Wind zu stellen. Über die Geschichte der Mühle und ihren Erbauer, Cornelius Wilhelm van der Bosch, informiert eine Ausstellung im Erdgeschoss. Van der Bosch war Sohn eines der „Langen Kerls" des Soldatenkönigs, der in Holland eine Ausbildung als Mühlenbaumeister erhielt.

Pfingstmontag wird alljährlich der Deutsche Mühlentag begangen. An der Mühle findet ein kleines Mühlenfest mit Kunsthandwerkermarkt statt.

Nur knappe siebzig Jahre war die Getreidemühle in Betrieb, bevor sie 1861 zum Denkmal erklärt wurde. Am 27. April 1945 brannte sie bis auf den steinernen Sockel ab. 1983 begannen erste Planungen zum Wiederaufbau der Mühle. In der Mühle sollte ein Handwerkermuseum der Handwerkskammer des Bezirks Potsdam entstehen. Diese Nutzungsabsichten hatten zur Folge, dass die Mühle nur äußerlich nahezu ihr altes Erscheinungsbild erhielt, im Inneren jeoch gänzlich anders gestaltet wurde. Der steinerne Sockel, einst mit Holzfußböden und Müllereimaschinen ausgestattet, dient heute für Austellungen. Nach Unterbrechung der Aufbauarbeiten 1990 bis 1992 wurde 1993 der hölzerne Achtkant mit dem Flügelkreuz und einiger Mühlentechnik fertiggestellt. An der Herstellung der betriebsfähigkeit der Mühle wird derzeit gearbeitet.

In der Brandenburgischen Vorstadt, Zeppelinstraße 136, haben sich die Gebäude einer weiteren Mühle erhalten. Die ehemalige „Dampfmühle" der Königlichen Seehandlung wurde 1841/42 von Ludwig Persius im „normannisch-romanischen" Geschmack erbaut. Die "Persiusmühle" beherbergt heute u.a. ein Hotel.
In der Leipziger Straße finden sich die Gebäude einer weiteren Mühle, die 1991 stillgelegt wurde.

Im ersten Obergeschoss wird eine Kunstgalerie betrieben, in der wechselnd Künstler ihre Bilder, Grafiken oder Skulpturen ausstellen. Im zweiten und dritten Obergeschoß befinden sich mühlenkundliche Ausstellungen.

Bei entsprechendem Wind werden sooft wie möglich, die Flügel in Bewegung gesetzt. Nach Abschluß der Baumaßnahmen an der Mühlentechnik ist an eine gelegentliche Vermalung von Getreide gedacht. Mit dem Nachbau einer römischen Handdrehmühle kann mit eigener Muskelkraft Getreide geschrotet und Mehl ausgesiebt werden.

- Von der Galerie hat man einen guten Blick über die Stadt Potsdam, zum Neuen Palais und Schloss Sanssouci.
- Mühlenliteratur und diverse Andenken können in der Mühle gekauft werden.

Historische Mühle

Orangerieschloss

Das Orangerieschloss vereint zwei große Pflanzenhallen, Schlossräume und Personalwohnungen in einem Bauwerk. Im Auftrag Friedrich Wilhelms IV. wurden das Schloss und die hohen Terrassen 1851 bis 1861 nach Vorbildern der italienischen Hochrenaissance errichtet. Das Orangerieschloss gehört zur Stiftung Preußische Schlösser und Gärten Berlin-Brandenburg.

03 31-9 69 42 80
Kastellan: Reiner Jens Uhlmann
15. Mai-15. Okt. Di-So 10-17 Uhr; Kassenpause: 12.30-13 Uhr
Turmgalerie mit Sonderausstellungen gleiche Öffnungszeit wie Schlos, Turm-Eintritt berechtigt auch zum Besuch der Turmgalerie
Schloss nur mit Führung zu besichtigen
Dauer der Führung ca. 30 Min.
Bus 695, H Orangerie
An der Historischen Mühle
45.000
Behindertengerecht sind nur die Schlossräume
Turm und Turmgalerie ohne Fahrstuhl

Turm im Orangerieschloss:

April-14. Mai: Sa/So 10-17 Uhr
15. Mai-15. Okt. Di-So 10-17 Uhr
Kassenpause: 12.30-13 Uhr

Friedrich Wilhelm IV. plante oberhalb des Parkes parallel zur Achse des 18. Jahrhunderts eine Triumphstraße auf dem Bornstedter Höhenzug, die vom Mühlenberg bis zum friderizianischen Belvedere aud dem Klausberg führen sollte. Entlang der Straße waren verschiedene Bauwerke geplant, beispielsweise ein Ruhme-

Orangerieschloss

stempel für Friedrich II. und als Abschluss eine Orangerie. Von diesem großartigen Projekt wurden im wesentlichen nur das Orangerieschloss und das Triumphportal am Weinberg realisiert.

Das Triumphportal am Potsdamer Mühlenberg wurde 1851 nach Entwürfen Friedrich Wilhelms IV. errichtet. Es war als Ausgangspunkt der Triumphstraße gedacht.

Der Neubau einer Pflanzenhalle war dringend notwendig, da die alte Orangerie, ein Fachwerkbau aus der Zeit Friedrichs des Großen, der die umgebauten Neuen Kammern ersetzt hatte, völlig verfallen war. Etwa zehn Jahre zogen sich die Planungen für den Neubau hin, mit dem Ludwig Persius beauftragt war. Nach seinem Tod übernahmen Friedrich August Stüler und Ludwig Ferdinand Hesse die Ausführung des Baues, wobei sie vor allem den Entwürfen des Königs folgten. Die Italiensehnsucht Friedrich Wilhelms IV. ließ ihn die architektonischen Vorbilder in Florenz und Rom suchen. Verschiedene Italienische Villen wurden in dieser Gebäudegruppe kombiniert. Der zweigeschossige Mittelbau mit seiner Doppelturmanlage folgt der Villa Medici in Rom, während die Eckpavillons mit ihren Durchgängen von den Uffizien in Florenz angeregt sind. Die malerische Gruppierung auf der Terrassenanlage hatte Vorrang vor der Zweckbestimmung des Gebäudes und die architektonische Gestalt reifte erst während der Bauarbeiten.

Im Mittelbau ließ der König sechs Schlossräume einrichten, die wahrscheinlich für seine Gäste gedacht waren. Friedrich Wilhelm bewohnte sie selbst, nachdem ihn Schlaganfälle und partielle Lähmungen gezwungen hatten, die Regierung 1857 seinem Bruder zu überlassen. Ausgestattet wurden sie nach seinem persönlichen Geschmack im Stil des Zweiten Rokoko. Noch im Winter 1858/59 reiste der kranke König nach Italien, um Kunstwerke für die Orangerie anzukaufen. Er besaß eine besondere Vorliebe für dekorative farbige Gesteine, die einen herausragenden Platz in der Raumausstattung erhielten. Im Lapislazuli-Zimmer ziert das blaue Gestein die Möbelgarnituren. Das Malachit-Zimmer vereint Geschenke des russischen Zarenpaares, zu denen Dekorationsstücke aus grünem Malachit und eine monumentale Rhodonitvase aus der Steinschleiferei Jekaterinburg zählen.

Im westlich von Bornstedt gelegenen Stadtteil Bornim steht in der Florastraße 6 ein bedeutender Bau der klassischen Moderne: das 1934 von Hans Scharoun errichtete Wohnhaus des Gartenarchitekten Hans Mattern (privat) mit einem Wandbild im Innern vom Bauhausmaler Oskar Schlemmer.

Das Zentrum der Schlossräume bildet der über beide Geschosse reichende Raphaelsaal, der nach Friedrich Wilhelms eigenen Entwürfen nach dem Vorbild der Sala Regia im Vatikan gestaltet wurde. Wie viele Museumsräume dieser Zeit besitzt der Saal Oberlicht. Hier hängen über fünfzig Kopien nach Gemälden Raphaels, eine Bildauswahl, die die Vorliebe des 19. Jahrhunderts zu diesem Künstler vor Augen führt. Den Grundstock zu dieser Sammlung legte bereits Friedrich Wilhelm III. Die Orangerieflügel dienen bis heute zur Aufnahme der exotischen Pflanzen des Parkes Sanssouci während des Winterhalbjahrs.

Auf dem idyllischen Bornstedter Friedhof fanden viele berühmte Potsdamer Persönlichkeiten wie die preußischen Hofgärtner der Familie von Sello, der erfolgreiche Schinkel-Schüler Ludwig Persius, der Gartenarchitekt Peter Joseph Lenné und der Kunsthistoriker Ludwig Justi ihre letzte Ruhestätte.

Nördlich der Orangerie liegt der Potsdamer Ortsteil Bornstedt. Das Dorf Bornstedt hatte der Soldatenkönig dem Potsdamer Militärwaisenhaus geschenkt. Friedrich Wilhelm IV. erwarb es 1841 zurück. Im selben Jahr begann Lenné mit der Verschönerung des Bornstedter Feldes. Das alte Gutshaus wurde durch eine von Johann Heinrich Häberlein entworfene Gebäudegruppe mit mediterranem Charakter ersetzt. Zur südländischen Atmosphäre trägt auch die von Friedrich August Stüler erbaute Kirche bei, die am Rande des Bornstedter Friedhofs liegt.

- Turmgalerie: Hier findet jedes Jahr eine Grafikverkaufsausstellung von verschiedenen deutschen zeitgenössischen Künstlern von Mitte Mai bis Ende Juni statt, ab Juli dann wechselnde Sonderausstellungen.

Orangerieschloss, Raphaelsaal

Botanischer Garten der Universität Potsdam

Der Botanische Garten wurde 1950 auf einem ehemals zur Hofgärtnerei gehörenden Gelände angelegt. Er ist ca. 5 ha groß und umfasst einen Gewächshaus- und einen Freilandkomplex. Zu ihm gehört auch der unter Friedrich Wilhelm IV. angelegte Paradiesgarten mit dem Stibadium.

Maulbeerallee 2, 144 69 Potsdam
03 31-9 77 19 50
03 31-9 77 19 51
http://www.uni-potsdam.de/u/biologie/forschg/botgar.html
Prof. Dr. Klaus Klopfer
Gewächshäuser und Freiland: 01.04.-30.9. Mo-So 9.30-17 Uhr,
01.10.-31.10. Mo-So 9.30-16 Uhr
Gewächshäuser: 01.11.-31.3. Mo-So 9.30-16 Uhr
(Freiland geschlossen)
Die Besichtigung des Freilandes ist kostenlos.
Führungen nur nach vorheriger Anmeldung
bei Dr. Peter Scharf unter 03 31-9 77 19 04
Bus 685, H Orangerie
P An der Historischen Mühle
an Wochenenden und Feiertagen ca. 10 Parkplätze am Institut des Botanischen Gartens
60.000
Eingeschränkt behindertengerecht (kein WC)
Förderverein: Freundeskreis des Botanischen Gartens der Universität Potsdam e. V.

Der größte Teil der Gewächshäuser kann das ganze Jahr über täglich besichtigt werden. Rund 4.300 verschiedene tropische und subtropische Pflanzenarten aller Kontinente werden in den Gewächshäusern kultiviert. Im Palmenhaus, dessen Neubau Ende 1999 fertig gestellt ist, wachsen etwa 20 verschiedene Palmenarten aus allen Kontinenten, z. B. die Hanfpalme, die Zwergpalme und die Kanarische Dattelpalme. Einige Pflanzen sind über 100 Jahre alt. Von hier gelangt man zu den einzelnen Schauhäusern mit Farnen, Bromelien, Araceen, Orchideen, tropischen Wasserpflanzen, Sukkulenten und tropischen Nutzpflanzen, darunter Zuckerrohr, Bananenstauden, Kakaobaum, Kaffeesträucher, Vanille, Papaya und Ananasstauden.

Zum Freiland gehört auch eine biologisch-morphologische Abteilung mit Nutz-, Gewürz- und Arzneipflanzen, Bauerngartenpflanzen und geschützten Arten sowie ein Laubwaldquartier mit der Vegetation mitteleuropäischer Eichen- und Buchenwälder, das Arboretum mit bemerkenswerten Bäumen, das Primel- und das Farn-Quartier. Im früheren Paradiesgarten gibt es eine systematische Abteilung mit Ein- und Zweikeimblättrigen, ein Alpinum mit Pflanzen der Gebirge, einen Teich mit Sumpf- und Wasserpflanzen, sowie einen Rhododendronhang und einen Heidegarten.

Der Botanische Garten dient vorrangig der Ausbildung von Studenten der Universität Potsdam. Einige Gartenteile werden für Anzuchten und für die botanische Forschung genutzt.

Der Paradiesgarten wurde 1841/42 vom königlichen Hofgärtner Ludwig Heinrich Sello als Fruchtgarten angelegt, genannt Paradeisgärtl. Aus dieser Zeit sind noch das Stibadium (ein quadratischer Säulenumgang mit einem Wasserbecken, 1845 von dem Architekten Ludwig Persius, einem Schüler Schinkels errichtet) und die Wasserkaskade erhalten. Plastiken aus Bronze und Zinkguss schmückten früher diesen südländisch anmutenden Garten.

Belvedere auf dem Klausberg

Auf dem Gipfel des Klausberges steht das Belvedere, ein Rundtempel für kurze Aufenthalte oder Festlichkeiten, von dem sich ein reizvoller Ausblick über den Park bietet. Es ist das letzte unter Friedrich II. entstandene Bauwerk in Sanssouci. Das Belvedere auf dem Klausberg gehört zur Stiftung Preußische Schlösser und Gärten Berlin-Brandenburg.

Kastellan: Reiner Jens Uhlmann
Bus 695, H Drachenhaus
P Am Neuen Palais oder an der Historischen Mühle

Georg Christian Unger errichtete von 1770 bis 1772 das Belvedere nach einem antiken Bau, der als Stich in Bianchinis Buch „Del palazzo dei Cesari" 1738 veröffentlicht worden war. Das Belvedere ist ein zweigeschossiger Pavillon über elliptischem Grundriss. Es erhielt in beiden Etagen Säulenumgänge. Auf Wunsch des Königs musste Unger eine großzügige, geschwungene und in barocker Zeit beliebte Freitreppe anfügen, die stilistisch nicht mit dem antikisierenden Bau harmoniert.

Unterhalb des Belvedere steht am Berghang das Drachenhaus, ein chinoises Haus mit achteckigem Turm, das als Wohnung für den Winzer des darunter liegenden Weinberges diente. Es entstand zur gleichen Zeit wie das Belvedere von 1770 bis 1772. Dem Architekten Carl von Gontard diente William Chambers' Pagode in den Londoner Kew Gardens als Anregung. Im Drachenhaus ist ein Café/Restaurant eingerichtet.

Das Innere birgt lediglich zwei Säle, die aber kostbar ausgestattet waren. Den unteren Saal kleidete roter Jaspis und grauer schlesischer Marmor aus. Der obere Saal besaß eine Wandverkleidung aus grünem Stuckmarmor. Seine Decke zeigte einen illusionistisch gemalten Himmel mit fliegenden Vögeln.

In den letzten Kriegstagen 1945 brannte das Belvedere völlig aus. Nur die Umfassungsmauern standen noch. Erst nach der Wende wurde die Wiederherstellung des Belvederes durch die Münchner Messerschmitt Stiftung ermöglicht, die noch nicht abgeschlossen ist.

Belvedere auf dem Klausberg

Schloss Lindstedt

Das 1840 bis 1860 für Friedrich Wilhelm IV. erbaute Schloss Lindstedt ist eine Turmvilla im malerischen Stil des Schinkelschülers Ludwig Persius. Die Gartenanlage entwarf Peter Joseph Lenné. Das Schloss gehört zur Stiftung Preußische Schlösser und Gärten Berlin-Brandenburg. Es wird als Tagungszentrum genutzt und ist innen nicht zu besichtigen.

Lindstedter Chaussee, 14469 Potsdam
03 31 / 50 30 81
Bus 695, H Abzweig Golm

Das Schloss erhielt seinen Namen nach dem ersten Pächter des Gutes Achatius Daniel Lindstedt, dem königlichen Land- und Oberjäger Friedrichs des Großen. 1808 erwarb Friedrich Wilhelm III. das Schloss zusammen mit einem großen zweistöckigen Gutshaus. Sein ältester Sohn Friedrich Wilhelm (IV.), der vor allem für Potsdam phantasievolle, italienisch geprägte Architekturen entwarf, befasste sich in ca. 30 Skizzen und Entwürfen mit dem Umbau des Landhauses. Der asymmetrische Villenbau geht im Wesentlichen auf seine Ideen zurück. 1843 beauftragte er Ludwig Persius mit dem Lindstedter Neubau und nach dessen Tod weitere Architekten aus der Schule Schinkels: Friedrich August Stüler, Ferdinand von Arnim und Ludwig Ferdinand Hesse. Der Innenausbau zog sich bis 1863 hin. Friedrich Wilhelm IV. erlebte die Fertigstellung der Villa, in der er als alter Mann wohnen wollte, nicht mehr – er starb 1861.

Die Anlage ist aus einem Wohnbau in der Art eines Casinos, einem Rundturm mit Belvedere und einem langen Kolonnadengang komponiert. Der Säulengang und ein Tempel mit Portikus zeugen von dem Wunsch des Königs, ein Schloss nach dem Vorbild antiker Villen zu errichten. Die Inneneinrichtung des 19. Jahrhunderts hat sich nicht erhalten. Das Haus wurde bereits 1879 modernisiert und an Offiziere und Hofbedienstete vermietet. Bis zum Ende des Zweiten Weltkrieges blieb es im Besitz der Hohenzollern. Nach 1945 kam es zur Stadtverwaltung Potsdam, die es verschiedenen Instituten zur Nutzung gab. Im Frühjahr 1995 wurde Schloss Lindstedt von der Stiftung Preußische Schlösser und Gärten Berlin-Brandenburg übernommen. Die Räume werden seitdem für verschiedene Veranstaltungen der Stiftung genutzt.

Schloss Lindstedt

Neues Palais

Das Neue Palais ist Friedrichs II. letzte und größte Schlossanlage in Sanssouci. Es wurde am westlichen Ende des Parkes in den Jahren 1763 bis 1769 erbaut. Zu den beeindruckendsten und großartigsten deutschen Innenräumen des 18. Jahrhunderts zählen der Grottensaal, der Marmorsaal, das Konzertzimmer und das Schlosstheater. Das Neue Palais gehört zur Stiftung Preußische Schlösser und Gärten Berlin-Brandenburg.

03 31-9 69 42 55
Kastellanin: Rosemarie Hofmann
Jan.-März; Nov./Dez. Sa-Do 9-16 Uhr
April-Okt. Sa-Do 9-17 Uhr
Kassenpause: 12.30-13 Uhr
Nov.-März im gesamten Schloss nur mit Führung

Die **Schlossräume** sind in den oben angegebenen Zeiten im April bis Mitte Mai an Wochenenden und Feiertagen museal geöffnet.
Zwischen 9 und 10 Uhr und an den Wochentagen Rundgang nur mit Führung.
Führungsdauer mindestens 1 Stunde
Gruppenanmeldung nur über die Besucherbetreuung

Die **Prinz-Heinrich Wohnung** ist im Sommer in den oben angegebenen Zeiten museal geöffnet,
im Winter nur mit Sonderführung.

Die **König-Friedrich-Wohnung** ist nur mit Führung zugänglich.

Die **Antoine-Pesne-Galerie** ist nur an Wochenenden in der Saison zu den oben angegebenen Zeiten museal geöffnet, im Winter nur mit Sonderführungen.

Schlosstheater

☞ Die Zeiten für Führungen sind an der Kasse zu erfragen.

Bus 695, H Neues Palais

[P] Am Neuen Palais

250.000

Eingeschränkt behindertenfreundlich nur das Erdgeschoss (6 Stufen).

Unmittelbar nach dem Ende des Siebenjährigen Krieges ließ Friedrich II. diese riesige und kostspielige Schlossanlage errichten, womit er aller Welt zeigen wollte, dass die Finanzen des preußischen Staates durch die lange Kriegsführung nicht erschöpft waren. Als „fanfaronnade", als eine Prahlerei, hatte der König den Schlossbau selbst bezeichnet.

Seit 1755 plante Friedrich ein größeres Sommerschloss in Sanssouci, in dem seine Gäste und der Hofstaat residieren konnten. Ursprünglich dachte der König an einen Standort nahe der Havel am Kiewitt, doch die unproblematische Parkerweiterung nach Westen begünstigte die Entscheidung für die heutige Lage. Die Planung des Baues oblag dem Landbaumeister Johann Gottfried Büring, von dem bereits die Bildergalerie und das Chinesische Haus in Sanssouci stammten, und dem Bauinspektor Heinrich Ludwig Manger. Sie hatten sich nach den Vorstellungen des Königs zu richten, der sich auch hier vom englischen Palladianismus inspirieren ließ und eine durch alle Geschosse gehende Pilastergliederung wünschte. Im Sommer 1755 lernte Friedrich in Holland den dort typischen Ziegelrohbau kennen, der als Anregung für das Neue Palais diente. Die Herstellung der Klinker erwies sich als zu teuer, weshalb ein Ziegelbau durch einen roten Anstrich mit weißen Ziegelfugen imitiert wurde.

Neues Palais, Marmorgalerie

Nach dem Tod von Friedrichs Schwester Wilhelmine von Bayreuth kamen 1764 viele Künstler ihres Hofes nach Berlin, unter ihnen Carl von Gontard, der die Bauleitung des Neuen Palais übertragen bekam.

In nur sechsjähriger Bauzeit entstand die weiträumige vielflügelige Anlage, das Hauptwerk der spätfriderizianischen Architektur. Der lang gestreckte Hauptbau – zwei Hauptgeschosse und ein Mezzaningeschoss hoch – trägt über dem Mittelrisalit genau in der Achse der Hauptallee eine mächtige, ganz mit Kupfer beschlagene Kuppel. Sie hat keine Beziehung zum Innenraum und ist lediglich eine Scheinkuppel ohne praktischen Zweck. Auf den Balustraden des Palais und auf der Terrasse vor den Pilastern reiht sich eine Fülle von Skulpturen. Sie wurden von über einem Dutzend „Figuren-Bildhauern" zumeist nach Motiven des Ovid gearbeitet. Die Massenproduktion der in kürzester Zeit entstandenen Statuen sieht man ihnen an.

Carl von Gontard war auch der Architekt der beiden kleinen Tempel im Rehgarten östlich des Neuen Palais. Den Freundschaftstempel ließ Friedrich II. im Gedenken an seine geliebte Schwester Wilhelmine zehn Jahre nach ihrem Tod errichten. In dem Rundtempel ist eine marmorne Sitzfigur der Wilhelmine aufgestellt. An den paarweise angeordneten korinthischen Säulen hängen Medaillons mit Bildnissen antiker Freundespaare, für die wohl Voltaires Gedicht "Le Temple de l'amitié" anregend waren.

Im Innern des Palais liegen zwei Vestibüle, mehrere Festsäle, ein Theater und über 200 Zimmer und Kabinette. Ähnlich wie in Schloss Sanssouci liegen im Mittelrisalit ein geschlossenes Vestibül und ein Festsaal, an die sich seitlich die fürstlichen Appartements anschließen. Vier Treppenhäuser verbinden die drei Etagen; dagegen fehlt ein großes Prachttreppenhaus, wie es im Barock gängig war. Vermutlich fürchtete der alternde König die entstehende Zugluft. Aus gleichem Grund verzichtete man auf die im Barock obligatorische Enfilade, das heißt die Anordung aller Türen einer Zimmerflucht hintereinander auf einer Achse. Die herausragenden Räume wurden nach Entwürfen Johann Christian Hoppenhaupts d. J. im Stil des späten Rokoko gefertigt. Ausschließlich einheimische bzw. eingewanderte Künstler arbeite-

Neues Palais

ten für die Einrichtung des Schlosses. Meisterhaft sind die mit Schildpatt und vergoldeter oder versilberter Bronze gearbeiteten Möbel Johann Melchior Kamblys und die intarsierten Kommoden, Schreibtische und Fußböden der Gebrüder Spindler.

Im 19. Jahrhundert bewohnte die königliche Familie nur gelegentlich das neue Palais. Erst Kaiser Friedrich erwählte es zu seinem Lieblingswohnsitz und verlieh dem Palais den vorübergehenden Namen „Friedrichskron". Vor allem Wilhelm II. ließ das Aussehen des Schlosses verändern: Die Gartenseite erhielt eine Terrasse mit 60 Skulpturengruppen (gleichzeitig Gaslaternen); das Palais erhielt elektrisches Licht, Badezimmer und im Dachgeschoß Dienerwohnungen. Obwohl das Neue Palais bis ins 20. Jahrhundert als Sommerwohnung der königlichen Familie genutzt wurde, sind die Raumausstattungen des 18. Jahrhunderts mehrheitlich erhalten.

Der Rundgang **Schlossräume** führt durch Säle und Gästeräume im Hauptflügel des Erd- und Obergeschosses. Die Wanddekorationen, die Ausstattungen mit Mobiliar und Gemälden stammen aus dem 18. und 19. Jahrhundert. Einer der beeindruckendsten Räume ist der

Grottensaal, der durch seine Wandverkleidung mit Feldsteinen, Muscheln und Schnecken einer Felshöhle künstlerisch nachgestaltet ist. Aus Geldmangel hatte Friedrich II. zwischen die Steine farbige Glasschlacken eingefügt, die im 19. Jahrhundert durch eine Vielfalt zumeist seltener Mineralien ersetzt wurden. Hauptsaal des Schlosses ist der über zwei Geschosse reichende Marmorsaal, der ähnlich dem des zerstörten Potsdamer Stadtschlosses gestaltet wurde.

Der Antikentempel, ein kreisrunder Kuppelbau mit Laterne und rechteckigem Anbau, ist 1768 als Pendant zum Freundschaftstempel entstanden. Der Tempel, dessen Bau wieder Gontard zufiel, war für die Aufnahme der Antikensammlung Friedrichs II. gedacht. Kaiserin Auguste Victoria bestimmte ihn zu ihrer Grabstätte. Nach ihrem Tod 1921 wurden drei ihrer Söhne sowie Hermine Prinzessin Reuß, die zweite Gemahlin Kaiser Wilhelms II., hier bestattet. Das Gebäude ist nicht restauriert und daher derzeit nicht zu besichtigen.

Die Wohnung Friedrichs des Großen (**Friedrich-Wohnung**) umfasst nur neun Räume, doch findet sich hier die kostbarste und schönste Ausstattung des Schlosses. Der König wählte für seine Wohnung acht Räume im Erdgeschoss, die auf der Gartenseite und teils im südlichen Flügel liegen, und überließ seinen Gästen die repräsentativen Räume am Ehrenhof. Seine Wohnung besteht aus zwei Vorzimmern, Konzertzimmer, Arbeitszimmer, Schlafzimmer, Schreibkabinett, Speisezimmer und Bibliothek. Wände und Decken füllen versilberte Verzierungen, Wandbespannungen aus Gold- und Silberbrokaten und vergoldete Bildhauerarbeiten.

Die **Heinrich-Wohnung** liegt im nördlichen Seitenflügel des Schlosses. Sie wurde für Prinz Heinrich von Preußen (1726-1802), einem jüngeren Bruder Friedrichs II., eingerichtet. Er besaß die gleichen philosophischen und musischen Neigungen wie sein königlicher Bruder und außergewöhnliches diplomatisches Geschick. Nur selten weilte er in Berlin und Potsdam. Hauptsächlich wohnte er im Schloss Rheinsberg, das Friedrich ihm 1744 geschenkt hatte. Seine Wohnung besteht aus einer Raumfolge von Vorzimmer, Kabinett, Schlafzimmer, Schreibkabinett und Wohnzimmer, die ihre Ausstattung aus dem 18. Jahrhundert erhalten haben.

Im Obergeschoss ist in den sog. Oberen Roten Kammern die **Pesne-Galerie** eingerichtet. Antoine Pesne war der bedeutendste Hofmaler am preußischen Hof des 18. Jahrhunderts. 1710 hatte König Friedrich I. den französischen Maler von europäischem Rang an seinen Hof berufen. Er gehört zu den wenigen Künstlern, die auch unter dem Soldatenkönig ihre Anstellung behielten. In dieser Zeit arbeitete er vor allem für Königin Sophie Dorothea und den Kronprinzen, den späteren Friedrich den Großen. Vor allem Porträts hat Pesne geschaffen. Unter drei Königen porträtierte er die Mitglieder des Adels und charakterisierte auch bei Repräsentationsporträts treffend das Wesen der Dargestellten. Ein großer Teil der Gemälde Pesnes aus den Potsdamer Schlössern sind in dieser Galerie ausgestellt.

Im nördlichen Flügel liegt das 1768 fertig gestellte **Theater**, für das Friedrich II. französische Schauspieler und italienische Opernsänger engagierte. Das Theater im Neuen Palais ist, nach dem Einrichten

Theater im Neuen Palais

der Bühnen im Berliner und Potsdamer Stadtschloss, Friedrichs II. drittes Hoftheater. Waren die Theater des 18. Jahrhunderts zumeist als Festsäle für eine universelle Nutzung gebaut, ist das Potsdamer Theater in seiner Trennung von Bühne und U-förmigem, amphitheatralisch ansteigendem Zuschauerraum ausschließlich für das Sehen und Hören der Aufführungen konzipiert. Dies entsprach einer Reformbewegung, die sich an der Theaterarchitektur des italienischen Architekten Andrea Palladio orientierte. Johann Christian Hoppenhaupt d. J. entwarf alle Dekorationen. Vergoldete Hermen, Festons, Putten und Treillagen (Gitterwerk) an der Decke und den hölzernen Rängen verleihen dem Theatersaal einen festlichen Charakter. An der Proszeniumswand, dem Wandabschnitt zwischen dem Vorhang und der Bühnenrampe, finden sich neben geschnitzten Palmen auch Reliefs orientalischer Instrumente, wie Kastagnetten und Schellentrommel, die der damaligen Chinamode verpflichtet sind. Eine Hofloge für den König gibt es nicht, da Friedrich es vorzog, nahe am Orchester zu sitzen. Im Sommerhalbjahr wird das Schlosstheater vom Potsdamer Hans-Otto-Theater bespielt.

Vorverkauf für die Theaterkarten im Potsdam-Ticket auf der Brandenburger Straße oder im Hans-Otto-Theater.

Westlich steht dem Neuen Palais eine malerische Architekturgruppe gegenüber, die 1766 bis 1769 ebenfalls von Gontard errichtet wurde: die Communs – so werden die beiden mit einer halbkreisförmigen Säulenkolonnade verbundenen Pavillons im Hinblick auf ihre Nutzung genannt. Sie dienten als Wirtschaftsräume, Küche sowie zur Unterbringung der Dienerschaft des Königs und des Gefolges der fürstlichen Gäste. Viel zu aufwendig ist die Architektur für einen Wirtschaftsbau, doch verfolgte der König mit ihr einen weiteren Zweck: Die großartige klassizistische Architekturkulisse sollte das außerhalb des Parkes liegende Ödland vor den Blicken der Schlossbewohner verbergen. Die Räume der Communs werden heute von der Universität Potsdam genutzt.

Das nächste Restaurant befindet sich im Drachenhaus, das auf dem Weg vom Neuen Palais zum Belvedere auf dem Klausberg liegt, Tel. 03 31-5 05 38 08.

Neues Palais, Grottensaal

Kaiserbahnhof

Außerhalb des Parkes Sanssouci steht der 1904 vom Hofarchitekten Ernst Eberhard von Ihne erbaute Kaiserbahnhof. Er war der persönliche Bahnhof des Kaiserpaares, des Hofes und seiner Gäste. Der Bahnhof wird seit Jahrzehnten nicht mehr genutzt und ist zur Ruine verfallen. Der Kaiserbahnhof gehört zur Deutschen Bahn AG.

✉ Am Neuen Palais (neben S-Bahnhof Wildpark)
♡ Freundeskreis Kaiserbahnhof Potsdam e.V.

Bereits 1847 wurde am Wildpark an der Eisenbahnstrecke Potsdam-Magdeburg ein Haltepunkt für die Königliche Familie, ihre Gäste und Ausflügler nach Sanssouci eingerichtet. Die Festlegung dieser Haltestelle wie auch die Trassenführung der Strecke geht auf den Gartenarchitekten Peter Joseph Lenné zurück. Der erste Pavillon von 1847 wich der kronprinzlichen Einsteighalle, hinzu kamen Ende des 19. Jahrhunderts das Wohnhaus für den Bahnhofsvorsteher, ein Warteraum für den Hof und das Bahnhofsgebäude für das Volk.

An der Zeppelinallee liegt der Land- und Wassersportplatz Luftschiffhafen auf dem ehemaligen Gelände der „Luftschiffbau-Zeppelin AG Friedrichshafen". Die Gesellschaft besaß das 25 Hektar große Terrain am Templiner See von 1910 bis 1924. Sie legte 1911 einen Landeplatz für Luftschiffe an und baute 1912 die zu dieser Zeit größte Luftschiffhalle (1920 abgebrochen). Während des Ersten Weltkrieges arbeitete hier eine Werft zur Produktion von Kriegsluftschiffen.

1904 beauftragte Kaiser Wilhelm II. den Ober-Hofbaurat Ernst Eberhard von Ihne einen neuen Bahnhof im „Englisch Cottage Stile" zu entwerfen und die Station umzubauen. Im November 1909 konnte der fertig gestellte Kaiserbahnhof in Betrieb genommen werden. Der russische Zar Nikolaus II. war der erste Staatsgast, der auf diesem Bahnhof empfangen wurde. Fast täglich wurde der Bahnhof vom letzten deutschen Kaiserpaar Wilhelm II.

und Auguste Viktoria für Fahrten von Berlin zum Neuen Palais genutzt. Von hier trat die kaiserliche Familie 1918 auch ihren Weg ins holländische Exil an.

Von nun an nutzte man den Bahnhof nur noch für Sonderfahrten, beispielsweise 1921 für die Ankunft des Sarges der in Holland verstorbenen Kaiserin Auguste Viktoria. Von 1945 bis 1952 hielt hier auch der Blaue Express der sowjetischen Militärkommandantur, der zwischen Berlin und Moskau verkehrte. Nach kurzzeitiger Nutzung als Berufsschule und Lager der Deutschen Reichsbahn ließ man die Bahngebäude seit den sechziger Jahren zur Ruine verfallen.

Westlich des Kaiserbahnhofes liegt der ca. 850 ha große Wildpark, dessen erste Wegeführung der Große Kurfürst anlegen ließ. 1841 bis 1844 erfuhr der Wildpark eine Neugestaltung durch Peter Joseph Lenné und bekam Torhäuser von Ludwig Persius. Auf der höchsten Erhebung steht das 1847 erbaute Bayerische Haus, eine Geburtstagsüberraschung für Elisabeth von Bayern, der Gemahlin Friedrich Wilhelms IV.

Der Bau kann derzeit nur von der Straße und dem Bahnsteig der Haltestelle Wildpark besichtigt werden. Er besteht aus einer 90 m langen Ankunftshalle über den Bahngleisen und einem Empfangsgebäude. Letzteres ist einem englischen Landhaus nachempfunden.

Englische Architektur war durch das von Hermann Muthesius 1904 veröffentlichte und sehr erfolgreiche Buch „Das englische Haus" gerade in Mode gekommen. Im Innern des Empfangshauses liegen zwei Hallen: der hohe und ehemals aufwendig ausgestattete Kaisersaal und der Gefolgesaal. Die Ankunftshalle versah der Architekt mit einem hölzernen Tonnengewölbe, das den industriellen Charakter des Stahlskeletts verdeckte. So war sie den übrigen Gebäudeteilen des Bahnhofes angeglichen.

Foto des Kaiserbahnhofs siehe Seite 43.

Charlottenhof

Das klassizistische Schloss und der dazugehörige englische Landschaftspark entstanden nach 1825 als Sommersitz für den Kronprinzen Friedrich Wilhelm (IV.) und seine Gemahlin. Das einstöckige, nur 10 Räume umfassende Wohnhaus ist in Architektur und Innenausstattung ein Hauptwerk Karl Friedrich Schinkels. Charlottenhof gehört zur Stiftung Preußische Schlösser und Gärten Berlin-Brandenburg.

03 31-9 69 42 28
Kastellanin: Ulrike Zumpe
15. Mai-15. Okt. Di-So 10-17 Uhr
Kassenpause 12.30-13 Uhr
Das Schloss ist nur mit Führungen zu besichtigen.
Die Anmeldung für Gruppen erfolgt im Besucherzentrum.
Dauer der Führung ca. 30 Min.
Straßenbahn 94, 98, H Schloss Charlottenhof
Nicht behindertengerecht
15.000

Bereits Mitte des 18. Jahrhunderts befand sich hier ein kleines Landgut, das nach Maria Charlotte von Gentzkow, seiner Besitzerin in den Jahren 1790 bis 1794, benannt wurde. Friedrich Wilhelm III. kaufte dieses südlich an den Park Sanssouci anschließende Gut und schenkte es seinem ältesten Sohn zu Weihnachten 1825. Der künstlerisch begabte Friedrich Wilhelm (IV.) erhielt damit erstmalig die Möglichkeit, seine Architekturideen zu realisieren. Mit der Umgestaltung des Gutshauses in ein klassizistisches Sommerschloss wurde Karl Friedrich Schinkel betraut, mit der Anlage des englischen Landschaftsgartens Peter Joseph Lenné. Auch der Kronprinz fertigte zahlreiche Zeichnungen an und beteiligte sich am Entwurf. Als Anregung für die Architektur dienten antike Landsitze und die

Blick aus dem Rosengarten auf Schloss Charlottenhof

1809 veröffentlichten Kupferstiche der französischen Architekten Percier und Fontaine mit Abbildungen italienischer Renaissancevillen. Der Umbau des Schlosses wurde unter Verwendung des alten Mauerwerks von 1826 bis 1829 durchgeführt.

Das Schloss erhebt sich über rechteckigem Grundriss, bekommt aber durch Anbauten wie eine Pergola und eine apsisartige Erweiterung eine asymmetrische Gestalt. Ein tempelartiger dorischer Portikus führt zur künstlich aufgeschütteten Terrasse mit Pergola, Wasserbecken und steinerner Bank in Form einer Exedra. Die herrschaftlichen Räume liegen über einem hohen Sockelgeschoss, in dem sich die Wohnung des Kastellans befand. Ein zweigeschossiges Vestibül und ein festlicher Saal befinden sich in der Mittelachse. Seitlich davon sind neun kleinere Zimmer bürgerlich-privaten Charakters angeordnet: die Wohnräume, Arbeitskabinette und das Schlafzimmer des Kronprinzenpaares sowie zwei Hofdamenzimmer.

Bis 1829 hatte Schinkel gemeinsam mit Ludwig Persius die Innenausstattung des Hauses realisiert. Fast alle Wohnräume erhielten antikisierende Ornamentfriese, z. B. Palmetten oder Astragal, die in Schablonenmalerei aufgetragen wurden. Die farbigen Wandmalereien im Vestibül und im Portikus sind pompejanischen Wandgemälden und den Loggien Raffaels im Vatikan nachempfunden. Das weitgehend erhaltene Mobiliar, die Lampen und teilweise sogar die Bilderrahmen entwarf ebenfalls Schinkel. Grafiken, Zeichnungen und Aquarelle aus der Sammlung des Kronprinzen, darunter viele Kupferstiche nach Werken der italienischen Hochrenaissance sowie Druckgrafiken von idealen Landschaften und Reisezielen in der Schweiz und Italien, gehören ebenfalls zur Erstausstattung des Hauses.

Westlich von Schloss Charlottenhof liegt das sog. Hippodrom. Die dort 1836 angepflanzten, verschieden hohen Gehölze sollen an die abgestuften Sitzreihen einer antiken Reitbahn erinnern. Heute lässt sich die Bepflanzung nur noch teilweise erkennen. Neben dem Hippodrom errichtete Ludwig Persius bis 1844 im italienischen Stil eine Fasanerie, die bis in die 1880er Jahre der Fasanenhaltung diente.

Im Wohnzimmer der Hofdamen ist das zu Charlottenhof gehörende Butt-Service aus der Königlich-Preußischen Porzellanmanufaktur (KPM, zwischen 1832 und 1837) ausgestellt, dessen Hauptmotiv ein goldfarbener Heilbutt umgeben von den Buchstaben „SIAM" ist. Den Spitznamen „Butt" hatte der Kronprinz selbstironisch angenommen: Er wies gleichermaßen auf seine Stellung als Thronfolger („Dauphin"), seine rundliche Figur und den rätselhaften Zauberfisch hin. „Siam" nannte er seinen Sommersitz Charlottenhof. In das ferne exotische Land projizierte der Kronprinz seine Vorstellungen vom idealen Traumland sozialer Harmonie im Einklang mit der Natur. Die damaligen Vorstellungen von Siam als „Land der Freien" waren von Rousseau und dem deutschen Philanthropismus geprägt worden. Scherzhaft unterzeichnete Friedrich Wilhelm (IV.) seine Architekturentwürfe mit „Frederigo Siamese", „Siamhouse architect" und „Fritz-Siam-Butt".

Römische Bäder

Nach der Anregung italienischer Landhäuser entstand 1829 bis 1840 die malerische Gebäudegruppe nach Plänen von Karl Friedrich Schinkel und Ludwig Persius. Sie erhielt ihren Namen von dem vom römischen Hausbau angeregten Römischen Bad, das keinem praktischen Zweck diente. Die Römischen Bäder gehören zur Stiftung Preußische Schlösser und Gärten Berlin-Brandenburg.

03 31-9 69 42 24
Kastellanin: Ulrike Zumpe
15. Mai-15. Okt. Di-So 10-17 Uhr;
Kassenpause 12.30-13 Uhr
Führungen nur nach Voranmeldung im Besucherzentrum
Straßenbahn 94, 98, II Schloss Charlottenhof
Behindertengerecht
(Behindertentoilette am Parkeingang Lennéstaße.)
26.000

Nordöstlich von Schloss Charlottenhof errichteten Schinkel und Persius ohne feste Konzeption und nach häufig geänderten Plänen und Wünschen des Kronprinzen Friedrich Wilhelm (IV.) eine romantische Baugruppe von vier Häusern und Pavillons, die nach „italienischer Art" durch Pergolen und Lauben miteinander verbunden sind. Das Zusammenwirken von italienischer Architektur und südlicher Gestaltung der Landschaft mit seinen subtropischen Pflanzen verleiht diesem Gartenteil einen mediterranen Charakter. Die Gebäude spiegeln sich in einem Teich, der nach dem an seinem Ufer errichteten Maschinenhaus mit Pumpstation den heute weniger romantisch klingenden Namen Maschinenteich erhielt.

Der erste Bau war das zweistöckige **Gärtnerhaus**, das einen Turm und nach dem Vorbild italienischer Landhäuser ein flaches Pult-

Römische Bäder, Atrium

dach erhielt. Im unteren Geschoss lag die Wohnung des Hofgärtners, in der heute jährlich wechselnde Sonderausstellungen stattfinden. Das Obergeschoss war den Gästen des Kronprinzen vorbehalten. Eine Pergola verbindet das Gärtnerhaus mit einem kleinen am Ufer des Maschinenteiches gelegenen Pavillon, den Friedrich Wilhelm (IV.) als Teeplatz nutzte. In seinem Innern stehen noch die Möbel, die Schinkel 1832/34 eigens für diesen Pavillon entwarf. Das dem Gärtnerhaus benachbarte kleinere **Gehilfenhaus** wurde 1832 ebenfalls in „südländischer Art" erbaut. Beide Häuser verbindet eine große Laube, in der Skulpturen aufgestellt sind. Hinter dem Gehilfenhaus liegt eine lang gestreckte **Arkadenhalle**, die im Winter als Orangerie diente. Hier ist der Eingang zu den Innenräumen des eigentlichen **Römischen Bades**, nach dem die gesamte Baugruppe schließlich ihren Namen erhielt. Ludwig Persius vollendete 1844 das Römische Bad mit seinen antikisierend gestalteten und ausgemalten Innenräumen. Das Römische Bad wurde trotz seiner Benennung nie als Bad genutzt und hat mit den antiken Thermen kaum etwas gemein. Es ist ein Phantasiebau, in dem die im frühen 19. Jahrhundert durch Ausgrabungen in Pompeji neu

Römische Bäder, Caldarium

gewonnenen Kenntnisse über den römischen Hausbau frei verarbeitet wurden.

Das Atrium (eigentlich Mittelhof eines römischen Wohnhauses, hier als Eingangsraum konzipiert), das Impluvium (Becken zum Sammeln des Regenwassers; die Bezeichnung wurde hier auf den ganzen Raum bezogen), das Apodyterium (Auskleideraum), das Caldarium (Warmbad mit Warmwasserbassin) und das Billardzimmer erhielten von Schinkel entworfene Zinkgussmöbel. Bernhard Wilhelm Rosendahl hat die Räume mit längeren Pausen von 1838 bis 1878 ausgemalt, teilweise nach Entwurfen Schinkels, der sich an pompejanischer Wandmalerei orientierte. Der Hauptraum des „Bades" ist das Caldarium mit seinem in den Boden eingelassenen Wasserbecken. Vier Marmorkaryatiden tragen das Gebälk des Oberlichtes über dem Bassin.

Chinesisches Haus

Den kleinen chinoisen Pavillon ließ Friedrich der Große in der Nähe seines Sommerschlosses Sanssouci errichten. Lebensgroße vergoldete Sandsteinfiguren musizierender und speisender Chinesen sind um das Teehaus gruppiert. Das Innere besteht aus einem runden Saal mit phantasievoller Deckenmalerei und drei kleinen Kabinetten, die mit Porzellanen ausgestattet sind. Das Chinesische Haus gehört zur Stiftung Preußische Schlösser und Gärten Berlin-Brandenburg.

03 31-9 69 42 22
Kastellanin: Ulrike Zumpe
15. Mai-15. Okt. Di-So 10-17 Uhr; Kassenpause: 12.30-13 Uhr
Straßenbahn 94, 98, H Luisenplatz
Luisenplatz
66.000

Zur Mitte des 17. Jahrhunderts entwickelte sich in Europa eine anhaltende Begeisterung für die fernöstliche exotische Welt, die bis zum ausgehenden 18. Jahrhundert anhielt. Der Besitz ostasiatischer Luxusgüter wie Porzellane und Lackarbeiten gehörte unabdingbar zur barocken Repräsentation. In England, Frankreich und Deutschland wurde es Mode, chinesisch anmutende Pavillons und Lustschlösser zu errichten, für die etliche Vorlagebücher erschienen. Auch für den Bau des Chinesischen Hauses in Sanssouci hatte Friedrich II. eine Kupferstichvorlage gewählt. In dem zweibändigen Werk, das der lothringische Hofarchitekt Emanuel Héré de Corny 1752 über seine Schlossanlagen von Lunéville herausgab, wird ein Pavillon namens „Maison de Trèfle" vorgestellt. Johann Gottfried Büring, als Leiter des Hofbauamtes Nachfolger des verstorbenen Architekten Knobelsdorff, errichtete nach dem Grundriss des

„Trèfle" in den Jahren 1754 bis 1757 das Chinesische Haus am damaligen Rand des Parkes Sanssouci.

Ein kreisrunder Saal mit flacher Kuppel bildet die Mitte des Hauses. Ihn umgeben abwechselnd drei kleine Kabinette und drei zum Park sich öffnende Säulenvorhallen. Der Bau hat keine Ähnlichkeit mit realer chinesischer Architektur. Es sind die phantasievoll geschaffe-

Chinesisches Haus

Chinesisches Haus

nen ornamentalen Details, wie das gewellte Dach, die Säulen in Form von Palmen und die Skulpturen, die dem Rokokogebäude das exotisch-chinesische Flair verleihen.

Einzigartig sind die vergoldeten Figuren reich gekleideter Chinesen in den Vorhallen und an den Außenwänden. Sie wirken wie lebende Bilder und erwecken den Eindruck, die Bewohner dieses Hauses zu sein. Sie essen exotische Früchte, trinken Kaffee und Tee. Andere spielen auf orientalischen Musikinstrumenten.

Das Drachenhaus auf dem Klausberg entstand als ein späteres Beispiel des „chinesischen Stils" unter Friedrich II. in Sanssouci (1770-1772). Jenseits des Ökonomieweges befindet sich die 1763 erbaute Teeküche des Hauses.

Das Deckenbild des Saales zeigt eine chinesische Gesellschaft in einer illusionistisch gemalten Architektur. Auf den vergoldeten Konsolen hatte Friedrich „Pagoden", sitzende Buddhafiguren, aufstellen lassen. Ein umfangreiches Schokoladen-, Kaffee- und Teeservice aus Meißner Porzellan und Mobiliar des 18. Jahrhunderts ist in den Kabinetten ausgestellt.

Friedenskirche und Mausoleum

Friedrich Wilhelm IV. ließ die italienisch wirkende Gebäudegruppe, zu der eine Kirche, zwei von Säulengängen umgebene Höfe und mehrere Nebengebäude gehören, von 1844 bis 1854 errichten. Ein Landschaftsgarten mit künstlich angelegtem See umgibt den südländisch anmutenden Baukomplex. 1888 wurde das Mausoleum Kaiser Friedrichs III. nachträglich dem Ensemble hinzugefügt. Friedenskirche und Mausoleum gehören zur Stiftung Preußische Schlösser und Gärten Berlin-Brandenburg.

Friedenskirche:

Ev. Friedenskirchengemeinde, Am Grünen Gitter 3,
Superintendentur, 14469 Potsdam

03 31-90 36 69

Pfarrer Günther Schalinski

Gottesdienst: So 10.30 Uhr
Besichtigungszeiten:
Nov.-April Di-Sa 11-15 Uhr
Mai-Okt. Mo-So 10-18 Uhr

Regelmäßige Konzerte in der Friedenskirche,
Karten an der Potsdam-Information Abendkasse

Straßenbahn 94, 98, H Luisenplatz

Als Kronprinz hatte Friedrich Wilhelm IV. einen Kirchenkomplex neben dem Schloss Charlottenhof geplant. Da der Ankauf des Grundstücks scheiterte, entschied sich der König für das Land östlich des alten Küchengartens, den der Soldatenkönig angelegt hatte und der scherzhaft von diesem nach den Versailler Parkanlagen „Marly" genannt wurde. Der Marlygarten wurde von Peter Joseph Lenné zu einem südländisch anmutenden Landschaftsgarten umgestaltet.

Damit die neue Kirche auch eine Gemeinde bekam, erwirkte der König eine Umstrukturierung der Pfarrbezirke und gründete die Friedenskirchengemeinde, die aus Einwohnern der Brandenburger-, Nauener- und Jägervorstadt und aus dem königlichen Hofstaat bestand. Im Stil frühchristlicher und romanischer Sakralbauten Italiens entstand 1844 bis 1854 die Basilika mit Glockenturm, Vorhalle und klosterähnlichen Nebengebäuden. Die Vorstellungen des Königs verarbeitete Persius in einem ersten Entwurf, der von den Bauausführenden Ferdinand von Arnim, August Stüler und Ludwig Hesse überarbeitet wurde. Für das Bauensemble wählte Friedrich Wilhelm IV. Vorbilder aus der frühchristlichen und romanischen Sakralarchitektur Italiens, die er auf seinen Reisen in Rom kennen gelernt hatte. Die Friedenskirche selbst hat ihr Vorbild in der Oberkirche San Clemente in Rom. Sie ist eine klar gegliederte dreischiffige Basilika mit drei Apsiden. Säulen aus dunkelgrauem Hartenberger Marmor tragen Arkaden aus weißem Carraramarmor. Pentelischer Marmor wurde für Altartisch, Kreuz, Kanzel, Lesepulte, Taufstein und Osterleuchter verwandt. Vor den Stufen des Altares sind die Grabplatten für das Königspaar Friedrich Wilhelm IV. und Elisabeth eingelassen.

1845 kaufte Friedrich Wilhelm IV. auch die Apsismosaiken der 545 geweihten ravennatischen Kirche San Michele in Africisco. Das schlecht erhaltene Mosaik gelangte ins Kaiser-Friedrich-Museum, dem heutigen Bode-Museum, wo es 1945 schwer beschädigt wurde.

Einzigartig nördlich der Alpen ist ein originial-venezianisches Mosaik in der Apsis. Es wurde zwischen 1205 und 1211 der Kirche San Cipriano auf Murano bei Venedig gestiftet. Vor dem Abriss der Kirche ließ der Kronprinz 1834 das Mosaik ersteigern, in Einzelteilen abnehmen und nach Potsdam transportieren. Das von der byzantinischen Kunst beeinflusste Mosaik zeigt den thronenden Christus. Zu seinen Seiten stehen Maria, Johannes, Petrus und Ciprianus im Gestus der Fürbitte. Erst zehn Jahre nach dem Ankauf dieses be-

Friedenskirche

deutenden Mosaiks begann man mit dem Bau der Kirche, die in ihren Abmessungen nach dem Bild der Apsis angepasst wurde.

In der Gruft, deren Eingang im linken Kirchenschiff liegt, sind die Sarkophage des Königspaares beigesetzt. Da Königin Elisabeth, die häufig die Ruhestätte ihres Mannes aufsuchte, im Alter auf den Rollstuhl angewiesen war, führt zu der 1864 eingeweihten Gruft eine Rampe herab.

Vor der Kirche liegt eine offene Vorhalle, die sich zu einem Atrium, einem säulenumstellten Vorhof, öffnet. Auf einem Brunnen in der Mitte des Hofes steht eine überlebensgroße Christusfigur, eine Kopie der Marmor-Statue Bertel Thorvaldsens in der Kopenhagener Frauenkirche.

Im Atrium liegt der Eingang zu einem runden Kuppelbau, dem Kaiser-Friedrich-Mausoleum. Im Sommerhalbjahr ist die Tür zum Mausoleum geöffnet und der Blick durch ein Gitter in den Innenraum der Rotunde möglich. Kaiser Friedrich III. ließ sich 1888 seine Grabkapelle von Julius Carl Raschdorff, dem späteren Erbauer des Berliner Doms, entwerfen. Als Vorbild für sein Mausoleum wählte der krebskranke Kaiser die Heilig-Grab-Kapelle in Innichen/Südtirol, die er bei Kuraufenthalten kurz vor seinem Tod besichtigt hatte. In der Rotunde stehen die beiden Marmorsarkophage des Kaisers Friedrich, seiner Gemahlin Viktoria und die der beiden jung verstorbenen Söhne. Seit 1991 steht hier auch der schlichte Kupfersarkophag des Soldatenkönigs, der bis 1943 seinen Platz in der Garnisonkirche hatte.

Die Heilandskirche in Sacrow ist eine weitere von Friedrich Wilhelm IV. in Auftrag gegebene italianisierende Kirche, deren Architektur ebenfalls auf die Spiegelung im Wasser berechnet ist.

Westlich des Atriums liegt der Kreuzgang, der als Camposanto (Friedhof) geplant war. An diesen schließen sich das Kavaliers- und das Pförtnerhaus sowie ein ehemaliges Schulhaus an, in denen heute Verwaltungsräume der Stiftung Preußische Schlösser und Gärten Berlin-Brandenburg untergebracht sind. Der 42 m hohe

Glockenturm aus gelben Backsteinen folgt in seinem Aussehen dem Campanile der Römischen Kirche Santa Maria in Cosmedin. Der Turm ist mit dem Kavaliershaus verbunden.

Die romantische Wirkung der Baugruppe wird durch die Einbettung in einen Landschaftsgarten unterstrichen. Da Friedrich Wilhelm die Spiegelung der Kirche im Wasser wünschte, legte Peter Joseph Lenné einen künstlichen See an, der aus dem Abflusswasser der Fontänen gespeist wird.

Mausoleum

Am Hang
Am Pfingstberg
Pfingstberg
Langhansstr./
Gr.Weinmeisterstr.
Belvedere
auf dem
Pfingstberg
Pomonatempel
Pfingstberg
Jüdischer
Friedhof
Große Weinmeisterstr.
Langhansstr.
Leistikowstr.
Puschkinallee
Nedlitzer Str.
Alexander-
Newski-Kapelle
Kapellenberg
Hessestr.
Persiusstr.
Glumestr.
Glumestr.
92
Kapellenberg
Kl. Weinmeisterstr.
Am Neuen Garten
Russ. Kolonie
697
Am Schragen
Siedlung
Alexandrowka
Beyerstr.
Am Neuen Garten/
Gr.Weinmeisterstr.
Am Schragen
Nauener
Vorstadt
694
692
Birkenstr./Alleestr.
Portiers-
haus
Alleestr.
Reiterweg
Reiterweg/
Alleestr.
Reiterweg/
Jägerallee
Eisenhardtstr.
Hebbelstr.

Meierei
Quapphorn
Muschelgrotte
hof
Schloß Cecilienhof
Grünes Haus
er
en
Rotes Haus
ide
Hasengraben
Schwanenallee
Tizianstr.
Böcklinstr.
Tizianstr.
Rembrandtstr.
Menzelstr.
Berliner Vorstadt
Ludwig-Richter-Str.
Bundesvermögensamt
Seestr.
Dürer-str.
Berliner Str.
Mühlen-weg
Rubensstr.
er
Mangerstr.
Mangerstr.
Mangerstr.
mholtzstr.

Neuer Garten

Der Neue Garten wurde als erster Landschaftsgarten in Potsdam angelegt. Er entstand gleichzeitig mit dem Marmorpalais 1787 bis 1791 und erfuhr in der ersten Hälfte des 19. Jahrhunderts einige Veränderungen durch Peter Joseph Lenné. Der Neue Garten gehört zur Stiftung Preußische Schlösser und Gärten Berlin-Brandenburg.

Geöffnet bis Einbruch der Dunkelheit
Leiter der Parkreviere: Hans-Heinrich Gerlitz
Bus 694, H Am Neuen Garten/Große Weinmeisterstraße

Gegenüber der Gotischen Bibliothek liegt außerhalb des Parks das klassizistische Palais Lichtenau, das seinen Namen nach der langjährigen Geliebten Friedrich Wilhelms II., der Gräfin Lichtenau, erhielt.

Friedrich Wilhelm II. wollte nicht auf Dauer im Sanssouci seines ungeliebten Onkels, des Großen Friedrich, residieren, dessen friderizianische Architekturen und barocke Gartenanlagen dem Geschmack des ausgehenden 18. Jahrhunderts nicht mehr entsprachen. Bereits als Thronfolger hatte Friedrich Wilhelm die Gegend an der Westseite des Heiligen Sees mit ihren Weinberghäusern in sein Herz geschlossen und 1783 den direkt am Ufer gelegenen Punschelschen Weinberg erworben, dessen Haus er zunächst wegen seines knappen Budgets nicht zu einem aufwendigen Palais umbauen lassen konnte. Bereits ein halbes Jahr nach seiner Thronbesteigung im April 1787 begannen die Bauarbeiten für das Marmorpalais. Bis 1793 erwarb der König weitere Grundstücke und ließ den Garten auf nahezu 74 ha vergrößern. Johann August Eyserbeck, der Sohn des Dessauer Hofgärtners und Schöpfers des Wörlitzer Parks Johann Friedrich Eyserbeck, wurde für den Entwurf des Neuen Gartens nach Potsdam berufen. Er war mit der Gestaltung englischer Landschaftsgärten vertraut und führte die stilistischen Neuerungen in Potsdam ein.

Die Pyramide im Neuen Garten

Die geschwungene Wegeführung des Landschaftsgartens und die im Gegensatz zur strengen Symmetrie barocker Gartenanlagen unregelmäßig gepflanzten Gehölzgruppen sollten den Eindruck ursprünglicher Natur erwecken. Da sich am Ufer des Heiligen Sees zuvor Obst- und Weingärten befanden, musste das gesamte Gartengelände neu bepflanzt werden, wofür Eyserbeck vornehmlich Weymouthskiefern, Fichten, nordamerikanische Hemlocktannen, Riesenwacholder, Ebereschen und Pappeln nach Potsdam bringen ließ. Dekorative Staffagebauten in historisierender und exotischer Gestalt sowie Skulpturenschmuck gehörten stets zur Ausstattung des sentimentalen Landschaftsgartens. Je ein „gotischer", „maurischer" und „römischer" Tempel, eine Grotte, ein Borkenhaus, neun

Orangerie im Neuen Garten

Holländerhäuser und eine Pyramide gehörten zu verschiedenen Stimmungsbildern im Neuen Garten. Zu Lebzeiten Friedrich Wilhelms II. war der Garten durch Mauern, Tore und eine Drehbrücke verschlossen. Nur wenigen auserwählten Personen war der Zutritt gestattet.

In der Nauener und Berliner Vorstadt, westlich und östlich des Heiligen Sees, lohnt ein Spaziergang durch die malerischen Villenviertel.

Peter Joseph Lenné bekam 1816 von Friedrich Wilhelm III. den Auftrag, den Neuen Garten umzugestalten. Er schuf im Zusammenhang mit seinem „Verschönerungsplan der Umgebung von Potsdam" im Verlaufe seines Schaffens bis zu seinem Lebensende 1866 viele neue Blickachsen über den Park hinaus.

Im Norden des Neuen Gartens, nahe dem Jungfernsee, errichtete Paul Schultze-Naumburg 1913 bis 1917 für das letzte Kronprinzenpaar das Schloss Cecilienhof, das vor allem durch die hier nach Ende des Zweiten Weltkrieges abgehaltene Potsdamer Konferenz bekannt wurde.

Großen Schaden hat der Park durch den Bau der Grenzanlage 1961 erlitten. Ein etwa 15 ha großes Gelände am Jungfernsee wurde durch die Mauer vom Park abgetrennt und verwilderte. Parkbauten wie die Grotte und die Meierei verfielen, die als Borkenhäuschen gestaltete Einsiedelei wurde abgerissen.

Der Hauptweg, ursprünglich eine Pyramidenpappelallee, die Mitte des 19. Jahrhunderts durch die heutige Pyramideneichenallee ersetzt wurde, führt vom Pförtnerhaus am Haupteingang auf das Marmorpalais zu. Seitlich des Weges reihen sich neun einstöckige Backsteingebäude mit Treppen- und Volutengiebeln in holländischer Bauweise. Sie dienen heute vorwiegend Wohnzwecken und sind nicht zu besichtigen. Im Haus 6 befindet sich das Astronomische Zentrum „Bruno H. Bürgel".

Hinter dem letzten Holländerhaus errichtete Carl Gotthard Langhans ein repräsentatives **Orangeriegebäude**, in dessen Inneren sich neben zwei Pflanzenhallen auch ein Festsaal befindet. Dieser erhielt nach seinen Wandvorlagen in Form von geschnitzten Palmen, die mit transparenten Farblacken (Lüster) gefasst wurden, den Namen Palmensaal. Er ist nur bei Sonderausstellungen und Konzerten geöffnet, doch gewähren die seitlichen Fenster einen Blick in den holzvertäfelten, eleganten Raum.

Das ehemalige Wohnhaus des Malers und Grafikers Egon von Kameke (1881-1955) liegt in der Persiusstraße 7. Im Haus befindet sich eine Galerie, in der Werke des Künstlers besichtigt und gekauft werden können. In einem als historisches Kabinett eingerichteten Raum können Dokumente, Bilder und Mobiliar aus dem Besitz der Familien von Kameke und Michaelis besichtigt werden. Tel. 03 31-2 70 59 66.

Neben dem Marmorpalais befindet sich die 1788 bis 1790 von Gontard entworfene **Küche**, die mit dem Schloss durch einen unterirdischen Gang verbunden ist. Sie gleicht einer halb im Wasser versunkenen römischen Tempelruine. Wie das Marmorpalais, ist sie in ihrer Wirkung vor allem auf die Ansicht vom See her konzipiert. Die Wasserfläche ist nach dem Vorbild des Wörlitzer Parks ein wichtiges Gestaltungselement des Neuen Gartens. Man sollte nicht versäumen, den Park und seine Bauten von der Seeseite oder dem gegenüberliegendem Ufer zu erleben. Ein Bootsverleih befindet sich nördlich des Heiligen Sees am Hasengraben.

In der Nähe des Neuen Gartens befindet sich in der Leistikowstraße 1 das ehemalige KGB-Gefängnis. Eigentümer des Hauses ist der Evangelische Kirchliche Hilfsverein. Eine Besichtigung ist nur im Sommer möglich. Bitte die Aushänge am Haus beachten.

Am südlichen Ende des Heiligen Sees liegt die **Gotische Bibliothek**. Dieser kleine, zweigeschossige, halb vom Wasser umgebene Pavillon mit Aussichtsplattform nahm früher tatsächlich die Bibliothek des Königs auf. Im Untergeschoss stand die französische Literatur, im Obergeschoss die deutschsprachige, darunter Werke von Goethe, Lessing, Klopstock, Schiller und Wieland. Der Pavillon kann nach Voranmeldung im Marmorpalais betreten werden. Der Gotischen Bibliothek am Südufer des Sees entsprach der am nördlichen Ufer gelegene Maurische Tempel, dessen hölzerne Architektur nicht mehr erhalten ist.

Astronomisches Zentrum „Bruno H. Bürgel"

Das Astronomische Zentrum umfasst ein Zeiss-Planetarium, eine Beobachtungsstation und eine Gedenkstätte für den Astronomen und Schriftsteller Bruno H. Bürgel.

Im Neuen Garten 6, 14469 Potsdam
03 31-2 70 27 24 oder 2 70 27 21
03 31-29 24 47
Planetarium.Potsdam@t-online.de
Rolf König
Vorführungen:
Mo/Mi/Fr 9 Uhr, 10.30 Uhr
Di/Do 9 Uhr, 10.30 Uhr, 12.30 Uhr, 14 Uhr
Nach Beginn der Führung ist aus technischen Gründen kein Einlass möglich.
Jeden ersten Montag im Monat wegen technischer Wartung geschlossen
An Feiertagen geschlossen
Dauer der Vorführung ca. 50 Min.
Besichtigung der Bürgel-Gedenkstätte gemeinsam mit der Planetariumsveranstaltung oder nach Voranmeldung.
Sonderführungen für Gruppen, astronomische Schulveranstaltungen und Führungen durch die Bürgel-Gedenkstätte nach Voranmeldung.
Bus 694, H Alleestraße/Birkenweg;
Straßenbahn 92 H Alleestraße/Reiterweg
16.000
Nicht behindertengerecht

Im Zeiss-Planetarium werden mit Projektoren für das Sonnensystem, für Meteore und für den Planeten Jupiter mit seinen vier Monden alle wichtigen Bewegungen am Sternenhimmel nachgestellt.

Ein Spiegelteleskop MENISCAS 150/2250, verschiedene Refraktoren, eine Astrokamera, eine Mond- und Planetenkamera, Sonnenfilter und Projektionsschirme ermöglichen astronomische Beobachtungen.

Im Foyer des Planetariums befindet sich die Gedenkstätte Bürgels. Bruno H. Bürgel (1875-1948) begeisterte durch zahlreiche populärwissenschaftliche Bücher, Aufsätze und Vorträge zur Himmelskunde ein breites Publikum. Er erwarb sich sein umfassendes Wissen auf dem Gebiet der Astronomie als Autodidakt, bevor er durch seine Arbeit an der URANIA-Sternwarte Berlin und Gastvorlesungen an der Berliner Universität Zugang zur wissenschaftlichen Arbeit bekam.

Sein 1910 erschienenes Hauptwerk „Aus fernen Welten – Eine volkstümliche Himmelskunde" fand als beste allgemein verständliche Darstellung der Astronomie in zahlreichen Auflagen und mehreren Sprachen Verbreitung. Zu seinen 22 Büchern gehören auch Romane und Erzählungen für Erwachsene und Kinder.

Eine erste Gedenkstätte für Bürgel wurde aus Anlass seines 80. Geburtstages 1955 im Arbeitszimmer seines Hauses in Potsdam-Babelsberg, Merkurstraße 10, eingerichtet. Als im Oktober 1968 das Zeiss Planetarium im Neuen Garten eröffnet wurde, verlegte man die gesamte Einrichtung in das neue Zentrum und stellte im Obergeschoss sein Arbeitszimmer nach.

- Das Archiv zu Bruno H. Bürgel verwahrt Dokumente, Briefe, Fotos und über 2.400 Beiträge in Zeitschriften und Zeitungen.
- Jeden ersten Freitag im Monat findet um 18 Uhr ein einführender Vortrag zu verschiedenen astronomischen Themen statt. Die Präsenzbibliothek des Astronomischen Zentrums ist für Besucher zugänglich.

Marmorpalais

Das Marmorpalais ist als Sommerresidenz König Friedrich Wilhelms II. im Herzen des Neuen Gartens direkt am Ufer des Heiligen Sees erbaut. Es ist das Erste in Außen- und Innenarchitektur klassizistisch gestaltete Schloss in Potsdam. Das Marmorpalais gehört zur Stiftung Preußische Schlösser und Gärten Berlin-Brandenburg.

Im Neuen Garten, 14469 Potsdam
03 31-9 69 42 46
03 31-9 69 42 86
Kastellan: Günter Voegele
Jan-März; Nov./Dez. Sa/So 10-16 Uhr
April-Okt. Di-So 10-17 Uhr
Kassenpause: 12.30-13 Uhr
Nov.-März: Besichtigung nur mit Führung,
Gruppenanmeldung im Besucherzentrum Sanssouci
Dauer der Führung ca. 1 Std.
Bus 694, H Am Neuen Garten/
Große Weinmeisterstraße
P Am Cecilienhof
Behindertengerecht nur das Erdgeschoss (Aufzug, WC, Betreuung)
30.000

Im Jahre 1787 wurde der bereits unter Friedrich dem Großen arbeitende Hofarchitekt Carl von Gontard mit der Planung des Marmorpalais beauftragt. Zum ursprünglichen Entwurf gehörte nur der heutige Mittelbau, der als zweigeschossiges, freistehendes, würfelförmiges Gebäude mit flachem Dach und Belvedere ausgeführt wurde.
Gontard orientierte sich an Vorbildern des englischen Palladianismus. Auf quadratischem Grundriss sind alle Räume um ein zentra-

Marmorpalais

les Treppenhaus angeordnet. Alle vier Seiten öffnen sich durch Glastüren zum Park oder zum See und schaffen eine enge Verbindung von Natur und Innenraum.

Im Erdgeschoss befinden sich die Wohnräume des Königs: Schlafzimmer, Ankleidezimmer, Musikzimmer, Speisesaal, Schreibkabinett und Studierzimmer. Im Obergeschoss liegen der festliche Konzertsaal, das orientalische Kabinett und weitere Gesellschaftsräume. Mit den Innen-raumentwürfen wurde Carl Gotthard Langhans beauftragt, der sie in klaren klassizistischen Formen und Farben hielt. Das Vestibül, das Treppenhaus und der dahinter liegende Grottensaal bekamen durch ihre Ausstattung mit kühlem Marmor einen offiziellen Charakter. Fast alle Zimmer erhielten Deckenmalereien mit Bezug auf die jeweilige Raumbestimmung. Zwei kleine Eckkabinette sind mit Taxusholzern (Eibenholz) ausgekleidet und im hetrurischen (etruskischen) und griechischen Geschmack gestaltet. Höhepunkt der Raumfolge bildet der Konzertsaal im Obergeschoss, der sich über die gesamte Breite des Gebäudes erstreckt. Da das Palais über die Uferlinie in den See gebaut ist, gewährt der Saal nach drei Seiten den Blick auf das Wasser. Die Wände sind mit ursprünglich lichtblauem Stuckmarmor ausgekleidet und mit blau- und rotgrundigen Stuckreliefs verziert.

Carl Gotthard Langhans (1732-1808), der Erbauer des Brandenburger Tores in Berlin, entwarf für den Neuen Garten auch die Gotische Bibliothek und die Orangerie.

Der König beauftragte den Dessauer Architekten Friedrich Wilhelm von Erdmannsdorff mit dem Ankauf von zehn Kaminen, von Antiken und weiteren Kunstwerken in Rom. Sieben italienische Kamine mit feinen Mosaikarbeiten und Reliefs von Carraramarmor wurden nach Erdmannsdorffs Rückkehr im Marmorpalais eingebaut. Sie gehören auch heute noch zu den kostbarsten Ausstattungsstücken des Palais. Nach Wörlitzer Vorbild und der damaligen Mode entsprechend tragen sie Vasensätze der englischen Wedgwood-Manufaktur. Erstrangige Möbel des Frühklassizismus wurden für das Schloss in Auftrag gegeben, darunter Kommoden mit kostbaren

Steinplatten und Schrankmöbel von David Hacker, einem Schüler David Roentgens. Ein großer Teil der originalen Ausstattung ist bis heute erhalten geblieben. Es fehlen im Schloss jedoch alle antiken Statuen und Büsten, die Erdmannsdorff für den König in Rom erworben hatte, da sie 1829 an die neu gegründeten Berliner Museen abgegeben wurden.

Für die Hofhaltung des Königs erwies sich das Marmorpalais als zu klein. Obwohl Küche, Bibliothek, Eiskeller und Personalwohnungen in separaten Gartenbauten untergebracht waren, wurden zur Nutzung als ständiger Sommersitz Erweiterungsbauten notwendig. 1797 fügte Carl Gotthard Langhans daher die beiden eingeschossigen Flügel an. Die Marmorsäulen an der Innenseite der Flügel stammen von einer im Park Sanssouci von Knobelsdorff erbauten Gartenkolonnade, die für die Gewinnung von Baumaterial abgerissen wurde. Friedrich Wilhelm II., der am 16. November 1797 im Marmorpalais starb, erlebte die Fertigstellung der Seitenflügel nicht mehr. Die Innenräume wurden erst ein halbes Jahrhundert später unter seinem Enkel Friedrich Wilhelm IV. ausgestaltet.

Im 19. Jahrhundert diente das Marmorpalais vornehmlich als Sitz der kronprinzlichen Familie. Da der Bau zunehmend als Denkmal angesehen wurde, beließ man Außen- und Innenausstattung weitgehend im Originalzustand.

Die historischen Räume im Erdgeschoss und teilweise im Obergeschoss des Mittelbaus können besichtigt werden. Im Südflügel sind zurzeit Kunstwerke aus der Zeit Friedrich Wilhelms II. ausgestellt. Der Nordflügel ist noch nicht restauriert und für Besucher geschlossen.

- Nächste Gaststätte: Cecilienhof, im Sommer Buffet neben der Orangerie.

Schloss Cecilienhof

Cecilienhof ist der letzte Schlossbau der Hohenzollern in Potsdam. Das geräumige Schloss im englischen Landhausstil wurde 1914-1918 als ständiger Wohnsitz für das Kronprinzenpaar Wilhelm und Cecilie im Norden des Neuen Gartens errichtet. Weltpolitische Bedeutung erhielt Cecilienhof als Schauplatz der Potsdamer Konferenz vom 17. Juli bis 2. August 1945. Schloss Cecilienhof gehört zur Stiftung Preußische Schlösser und Gärten Berlin-Brandenburg.

03 31-9 69 42 44/45
Kastellan: Harald Berndt
Jan–März Di-So 9-16 Uhr (letzter Einlaß)
April-Okt. Di-So 9-17 Uhr (letzter Einlaß)
Nov.–Dez. Di-So 9-16 Uhr (letzter Einlaß)
Kassenpause: 12-12.30 Uhr
Die kronprinzlichen Räume des Obergeschosses sind nur mit Führung zu besichtigen, Dauer ca. 30 Min. Führungen um 11 Uhr und 14 Uhr, für Gruppen auch nach besonderer Vereinbarung
Bus 692, H Schloss Cecilienhof
Schloss Cecilienhof
200.000

Nach der Heirat des Kronprinzen Wilhelm, ältester Sohn des letzten deutschen Kaisers Wilhelm II., mit Cecilie von Mecklenburg-Schwerin im Juni 1905, lebte das Paar in den Sommermonaten im Marmorpalais. Da dieses Palais den Anforderungen der damaligen Hofhaltung nicht mehr genügte, das Kronprinzenpaar aber weiterhin den Neuen Garten für seine Residenz bevorzugte, entstanden seit 1907 Pläne für ein modernes Schloss. Im Jahre 1912 erhielt Paul Schultze-Naumburgs Entwurf einer weiträumigen Anlage im neuen, in England entstandenen Landhausstil die Zustimmung des Kaisers. Im März 1914, kurz vor Ausbruch des Ersten Weltkrieges, begannen die Bauarbeiten und zogen sich durch kriegsbedingte Verzögerungen bis 1918 hin. Dass die Hohenzollern, die schon 13 Schlösser in Potsdam besaßen, während des Krieges einen solch aufwendigen Bau finanzierten, erregte verständlicherweise Unmut.

Cecilienhof ist ein malerischer Fachwerkbau über einem Sockel aus Back- und Sandsteinen. Dem Architekten Schultze-Naumburg gelang es, die einem Hofstaat entsprechende Funktionalität und moderne Bequemlichkeit miteinander zu vereinbaren und die Baumassen so zu verteilen, dass sich von allen Seiten das Bild eines englischen Landsitzes ergibt. Die Gruppierung der Baukörper um fünf Höfe täuscht über die Größe der Anlage hinweg und passt sie dem Landschaftsbild des Neuen Gartens an. Das Schloss verfügt über 176 Räume, deren elegante historisierende Innenarchitektur weitgehend erhalten ist. Es erhielt seinen Namen nach der Kronprinzessin Cecilie. Im Unterschied zu den älteren Hohenzollernschlössern war es für ein ganzjähriges Bewohnen konzipiert.

Unmittelbar nach der Revolution, am 13. November 1918, wurde das preußische Kronfideikommissvermögen beschlagnahmt. Der Ex-Kronprinz und seine Familie konnten jedoch Cecilienhof weiterhin als Wohnsitz behalten. Bis zum Beginn des Jahres 1945 lebten Wilhelm und Cecilie mit ihren sechs Kindern in Cecilienhof. Am 27. April wurde das Schloss von sowjetischen Truppen besetzt. Einen großen Teil der Möbel brachte man in der nahe gelegenen Meierei unter, in der sie bei einem Brand am 18. August 1945 vernichtet wurden.

Die sowjetische Regierung hatte Cecilienhof als Tagungsort für die Gipfelkonferenz der Siegermächte des Zweiten Weltkrieges vorgeschlagen, da es im ausgebombten Berlin keinen geeigneten Ort gab. Die Zusammenkunft vom 17. Juli bis 2. August 1945 war nach den Konferenzen von Teheran und Jalta das dritte und letzte Gipfeltref-

Schloss Cecilienhof

fen der Staats- und Regierungschefs der USA, Großbritanniens und der Sowjetunion, die sich im Juni 1941 zur „Anti-Hitler-Koalition" zusammengeschlossen hatten. Während der Vorbereitung der Konferenz wurde Schloss Cecilienhof mit Möbeln aus anderen Potsdamer Schlössern ausgestattet. Lediglich der große Tisch des Verhandlungssaales wurde eigens für die Konferenz angefertigt. Generalleutnant Antipenko, der mit den Vorbereitungen für die

Schloss Cecilienhof, Weißer Salon

Konferenz betraut war, beschlagnahmte zur Unterbringung für jede Delegation bis zu acht Villen in Neu-Babelsberg.

Die „Großen Drei" – der US-amerikanische Präsident Harry Spencer Truman, der britische Premierminister Winston Churchill (nach dessen Wahlniederlage Clement Richard Attlee) und der sowjetische Staats- und Parteichef Josef W. Stalin mit ihren Delegationen – verhandelten gut zwei Wochen über die Errichtung eines Rates der Außenminister, die politischen und wirtschaftlichen Grundsätze für die Besetzung Deutschlands, die Entnahme von Reparationen, die Verteilung der deutschen Handels- und Kriegsmarine, die Behandlung von Kriegsverbrechern und die Regelung territorialpolitischer Fragen. Nachdem auf der Konferenz von Teheran die Westverschiebung der sowjetisch-polnischen Grenze entlang der „Curzon-Linie" besprochen worden war, setzte Stalin in Potsdam durch, das ostdeutsche Territorium östlich der Oder und Neiße unter polnische Verwaltung zu stellen. Die Teilung Deutschlands wurde während der Potsdamer Konferenz eigentlich nicht beschlossen, doch mit der Festlegung, dass die oberste Gewalt in Deutschland von den Besatzungsmächten in den eigenen Besatzungszonen ausgeübt werden sollte, wurde der Grundstein für die spätere Teilung gelegt. In vielen Punkten, wie z.B. die Höhe der Reparationszahlungen, konnten keine konkreten Festlegungen getroffen werden. Die wichtigsten Ergebnisse, zum Teil vage formuliert und mit dehnbaren Begriffen festgehalten, wurden in einem Protokoll von 14 Punkten zusammengefasst, das als das „Potsdamer Abkommen" bekannt wurde.

Im Erdgeschoss des Schlosses ist die originale Einrichtung der Konferenzräume erhalten. Der Konferenzsaal sowie die Arbeitszimmer der amerikanischen, sowjetischen und englischen Delegationen sind als Gedenkstätte eingerichtet. Im Obergeschoss ist die Möblierung einiger Privaträume des Kronprinzenpaares 1995 wiederhergestellt worden.

- Ein Teil des Schlosses wird als Hotel genutzt.

Innenhof des Schlosses Cecilienhof

Belvedere auf dem Pfingstberg

1847 bis 1863 entstand als Aussichtspunkt und Blickfang das Belvedere, dessen Architektur von Bauwerken der italienischen Hochrenaissance angeregt ist. Nur ein Teil der vor allem auf Friedrich Wilhelm IV. zurückgehenden großartigen Entwürfe wurde realisiert. Das Belvedere gehört zur Stiftung Preußische Schlösser und Gärten Berlin-Brandenburg.

☞ Besichtigung des Innenhofes mit Sonderführungen möglich

♡ Förderverein Pfingstberg e.V. Spendenkonten: Mittelbrandenburgische Sparkasse in Potsdam, BLZ 160 500 00, Konto Nr. 350 301 1101. Deutsche Bank 24 Potsdam, BLZ 120 700 24, Konto Nr. 314 662 801. Commerzbank Potsdam, BLZ 160 400 00, Konto Nr. 113 366 901.

Erste Pläne für einen Aussichtspunkt auf dem Pfingstberg, dem damaligen Judenberg, hatte schon Friedrich Wilhelm II. Sein

Belvedere auf dem Pfingstberg

„Gothischer Thurm nebst anhängendem Gothischen Saale“ auf der Bergkuppe und die geplante Verbindung mit dem Neuen Garten scheiterten jedoch an den hohen Grundstückspreisen. Erst 1817 wurde der Berg von Friedrich Wilhelm III. angekauft. Etwa 20 Jahre beschäftigte sich der Kronprinz und spätere König Friedrich Wilhelm IV. mit der Gestaltung des Belvederes auf dem Pfingstberg. Zahlreiche Entwurfsskizzen in Grund- und Aufriss sowie perspektivische Zeichnungen sind von seiner Hand überliefert. Wie bei Schloss Charlottenhof suchte er in dem Stichwerk von Percier und Fontaine Anregungen und wählte für große Teile des Belvederes das von Giacomo da Vignola bei Rom errichtete Casino in Caprarola als Vorbild. Ergänzt durch eine Doppelturmfront sollte sich die gewaltige Anlage um zwei Höfe gruppieren und über Wasserterrassen bis zum Neuen Garten hinabführen. Friedrich Wilhelm IV. bestimmte als ausführende Architekten Ludwig Persius, Ludwig Ferdinand Hesse und August Stüler.

Am westlichen Bergfuß liegt der 1743 angelegte jüdische Friedhof, der etwa 530 Grabstellen aus drei Jahrhunderten umfasst.

1849 bis 1852 erfolgte die Bauausführung der monumentalen Doppelturmanlage. Danach wurden die Arbeiten unterbrochen, um das Orangerieschloss im Park Sanssouci fertig zu stellen. Zur Wiederaufnahme des Pfingstbergprojektes kam es durch die Krankheit des Königs und seinen Tod 1861 nicht mehr. Ein bedeutender Teil der Architektur blieb daher im Planungsstadium. 1863 wurde der Bau mit einer Eingangshalle abgeschlossen.

Ausgeführt wurde nur die Architektur auf der Kuppe des Berges: eine hoch aufragende Doppelturmfront, die mit ihren Umfassungsmauern und Säulengängen ein Wasserreservoir umschließt. Die einzigen Innenräume der groß angelegten Schauarchitektur sind das Römische und das Maurische Kabinett, die beide Wandmalereien und eine kostbare Innenausstattung erhielten. Die Turmdächer waren über gusseiserne Wendeltreppen begehbar. Die Umgebung gestaltete Peter Joseph Lenné als klassischen Landschaftsgarten.

- Das Belvedere ist nach dem Zweiten Weltkrieg zur Ruine verfallen. Der Westturm ist begehbar.

Pomonatempel

Der kleine kubusförmige Teepavillon ist der erste realisierte Bauentwurf des jungen Karl Friedrich Schinkel. Von der Dachterrasse bietet sich eine weite Aussicht bis Babelsberg und Glienicke. Der Pomonatempel gehört zur Stiftung Preußische Schlösser und Gärten Berlin-Brandenburg.

03 31-29 24 68
Kastellan: Harald Berndt
April-Okt., Sa/So 15-18 Uhr
Förderverein Pfingstberg e.V.
Friedrich-Ebert-Straße 83, 14469 Potsdam
0331-2 70 19 72
03 31-2 70 58 84
http://www.pfingstberg.potsdam.org
pfingstberg@potsdam.org

Auftraggeber für den kleinen Tempel war der königliche Hofrat Karl Ludwig von Oesfeld, der auf dem Dach des Hauses seinen Tee genießen wollte. Er ließ sich im Jahre 1800 von Karl Friedrich Schinkel einen Pavillon entwerfen, dessen Benennung nach Pomona, der Göttin der Früchte, sich auf den Weinanbau am Berghang beziehen könnte. 1817 erwarb Friedrich Wilhelm III. den Tempel und das Plateau des Berges, der im gleichen Jahr den Namen Pfingstberg erhielt.
Den Zweiten Weltkrieg hatte der Pomonatempel unbeschadet überstanden, verfiel aber nach Kriegsende zur Ruine. 1993 konnte der Bau wiederhergestellt werden.
Das Innere des Pavillons besteht aus einem einzigen annähernd quadratischen Raum, der sich nach Süden zu einem Portikus mit vier ionischen Säulen öffnet. Die Dachterrasse ist über eine Wendeltreppe im rückseitigen Turm zugänglich. Über die Terrasse ist als Sonnenschutz eine blau-weiße Markise gespannt.

Pomonatempel

Alexandrowka und Alexander Newski-Gedächtniskirche

Die 1826 gegründete Kolonie nach dem Vorbild russischer Militärdörfer wurde für gefangene russische Soldaten erbaut, die einen Sängerchor formierten. Sie ist mittlerweile das einzige erhaltene Dorf in dieser Art. Zu der Siedlung gehört auch die kleine russisch-orthodoxe Kirche auf dem benachbarten Kapellenberg.

✉ Russische Kolonie 14, Kapellenberg
14469 Potsdam

✆ 03 31-29 63 13

Fax: 03 31-29 63 14

Erzpriester: Anatolij Koljada, Hauptgeistlicher der Russisch-Orthodoxen Alexander-Newski Gedächtniskirche

Gottesdienst: Sa 17 Uhr, So 10 Uhr
Sa/So oft bei schönem Wetter geöffnet

☞ Führung für Gruppen nur nach schriftlicher Voranmeldung, DM 5,- pro Person auf das Gemeindekonto, Führung durch den Erzpriester oder andere Kirchendiener

Der preußische Feldmarschall Ludwig Graf York von Wartenberg brachte 1812 von seinem an der Seite Napoleons unternommenen Feldzug in Kurland 500 russische Kriegsgefangene nach Preußen mit. Auf Wunsch König Friedrich Wilhelms III. wurden von ihnen 62 für einen russischen Chor ausgewählt. Als Preußen und Russland kurz darauf ein Militärbündnis schlossen, erhielt Friedrich Wilhelm den Chor vom Zaren zum Geschenk. Dem 1. Garderegiment zu Fuß zugeteilt, mussten die Sänger nun zur Truppenunterhaltung mitmarschieren.

Die Zahl der Sänger schmolz jedoch rasch. Nur noch 19 Chormitglieder waren 1826 am Leben, als Friedrich Wilhelm III. beschloß, ihnen eine eigene Siedlung errichten zu lassen. Anlass für diese Entscheidung war das tödliche Attentat 1825 auf Zar Alexander I., dem der König freundschaftlich verbunden war. Dem Zaren zu Ehren nannte er die Kolonie Alexandrowka.

Der bedeutende Gartenarchitekt Peter Joseph Lenné bekam den Auftrag, einen Plan für die Kolonie zu erarbeiten. Lenné entwarf ein Alleensystem auf dem Grundriss eines Andreaskreuzes. Acht Gehöfte wurden an den Kreuzarmen errichtet, vier an den verbindenden Bögen. Im Schnittpunkt des Wegekreuzes steht das Aufseherhaus für den Feldwebel der Garde.

Zur Vorlage für die Gestaltung der Kolonistenhäuser bestellte man aus Russland Originalbaupläne für traditionelle Holzbauernhäuser. Die Blockbauweise wurde jedoch in preußischer Sparsamkeit imitiert. Den Baukern bildet auf Stein gesetztes Fachwerk, das erst durch die Bohlenverkleidung äußerlich in Blockbauten verwandelt wurde. Traditionelle russische Schnitzereien zieren Giebel, Balkons und Fenster, wodurch sie dem Viertel typisch russisches Flair verleihen.

Von den engen preußisch-russischen Beziehungen zeugt auch die im russischen Stil erbaute Kirche und das Blockhaus von Nikolskoe.

Zu jedem Haus gehörte ein mit Obstbäumen bepflanzter Garten und ein Viehstall mit Milchkuh. Alle Gehöfte wurden vollständig ausgestattet, vom Kinderbett über das Besteck bis zur tickenden Stuben uhr. Allerdings erhielten lediglich verheiratete „Havelrussen" eine Kolonistenstelle in Alexandrowka und damit das komplette Gut zum Gebrauch. Die Freude am Besitz des Hauses war jedoch nicht ungetrübt: Regelmäßig erfolgte die Kontrolle des gesamten Inventars. Haus und Einrichtung durften nicht verkauft werden und konnten nur auf männliche, ehelich geborene Leibeserben übertragen werden. Blieb ein Paar ohne Sohn, fiel das Gut samt Mobiliar an die Krone zurück. Gerade drei Monate blieben der Witwe zum Auszug.

Alexandrowka

Ein letztes Mal traten die Sänger 1830 vor dem König auf. Da sich nicht alle zum Landwirt eigneten, wurden in den folgenden Jahren etliche Zimmer der russischen Häuser an Ausflügler, wohlhabende Urlauber und Künstler vermietet, die das fremde Ambiente lockte. 1861 starb der Letzte der russischen Sänger. Ihre Namen und die ihrer Nachkommen sind auf den Tafeln an den Häusern zu lesen. Auf weißem Grund steht der Name des heutigen Hausbesitzers. Die Grigorieffs und Schischkoffs sind die letzten Familien Alexandrowkas, die noch von den ersten russischen Bewohnern abstammen.

Auf dem nahe der Siedlung gelegenen Minenberg, dem heutigen Kapellenberg, legte Friedrich Wilhelm III. 1826 den Grundstein für eine russisch-orthodoxe Kirche zur geistlichen Betreuung der Kolonisten. Beim Zarenhof erbat der König Stiche für eine Kapelle im traditionellen russischen Stil und erhielt einen Bauplan des Petersburger Architekten Wassilij Petrowitsch Stassow. Zur Überarbeitung wurde Karl Friedrich Schinkel berufen, der den russischen Kirchenbauplan feinfühlig mit klassizistischem Formengut verband. Die Kirche ist dem heiligen Alexander Newski (um 1200-1263) geweiht, dessen Ikone über dem Südportal der Kapelle hängt. Viele Stücke des Innenraums sind Geschenke der mit dem Zaren vermählten preußischen Prinzessin Charlotte, Tochter Friedrich Wilhelms III. Die nach russischen Vorbildern gebaute Ikonostase - eine dreitürige Bilderwand, die den Laienraum vom Altarraum trennt - versah Schinkel mit einer klassizistischen Pilasterordnung.

Neben der Kirche steht ein weiteres Blockhaus. Es ist das 1827 erbaute Haus des Kirchenvorstehers mit einer russischen Teestube für den König im Obergeschoss. Seit 1986 lebt hier der Erzpriester Anatolij Koljada mit seiner Familie.

Bundesvermögensamt
Berliner Str.
Dürer-
str.
wig-Richter-Str.
Rubensstr.
Mangerstr.
Mangerstr.
Tiefer See
Kleines
Schloß
Gericht
Matrosen-
haus
Waschhaus
Havel
Flatowturm
Park
Humboldt-
brücke
Kutscher-
haus
Hofgärtnerei
Havelhaus
Kindermann-
see
Humboldtring/
Nuthestr.

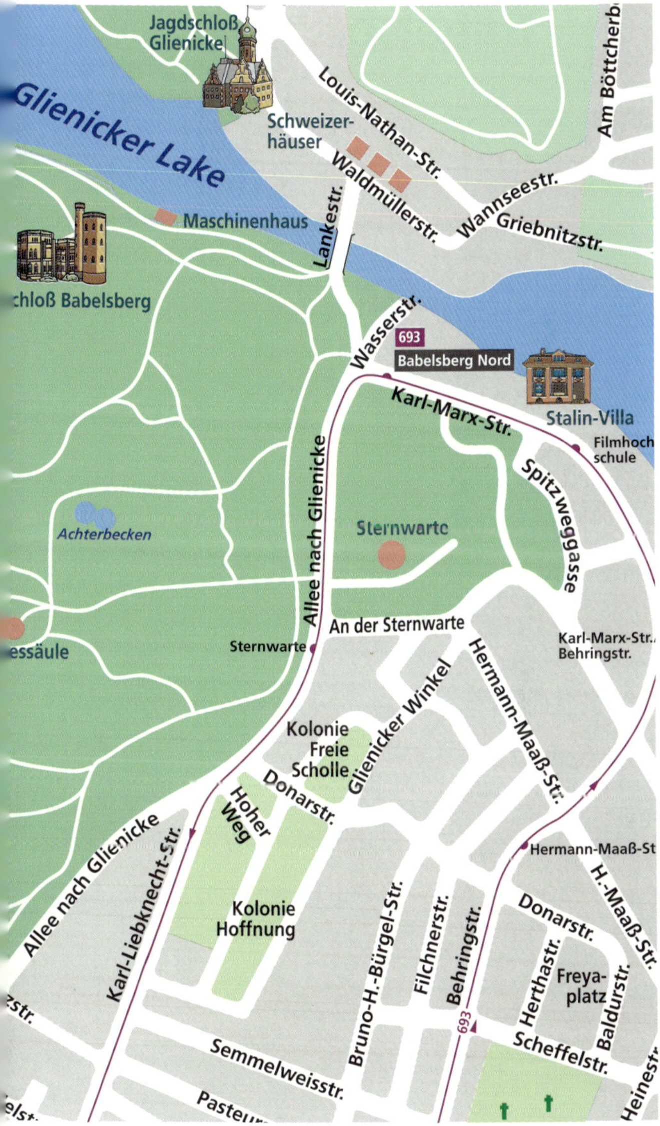
Jagdschloß Glienicke
Glienicker Lake
Schweizer-häuser
Louis-Nathan-Str.
Waldmüllerstr.
Am Böttcherb
Wannseestr.
Griebnitzstr.
Maschinenhaus
Lankestr.
chloß Babelsberg
Wasserstr.
693
Babelsberg Nord
Stalin-Villa
Karl-Marx-Str.
Filmhoch schule
Spitzweggasse
Achterbecken
Sternwarte
Allee nach Glienicke
An der Sternwarte
Sternwarte
essäule
Karl-Marx-Str./ Behringstr.
Hermann-Maaß-Str.
Glienicker Winkel
Kolonie Freie Scholle
Donarstr.
Hoher Weg
Hermann-Maaß-St
Allee nach Glienicke
Karl-Liebknecht-Str.
Kolonie Hoffnung
Bruno-H.-Bürgel-Str.
Filchnerstr.
Behringstr.
H.-Maaß-Str.
Donarstr.
Herthastr.
Freya-platz
Baldurstr.
693
Scheffelstr.
Semmelweisstr.
Heinestr.

Park Babelsberg

Nach Sanssouci und dem Neuen Garten ist der Park Babelsberg die dritte große Potsdamer Gartenanlage. Er war der Sommersitz des Prinzen Wilhelm, des späteren deutschen Kaisers Wilhelm I. Den englischen Landschaftsgarten entwarf Peter Joseph Lenné ab 1833, nach 1843 wurde Fürst Hermann von Pückler-Muskau mit der gärtnerischen Planung betraut.

Leiter der Parkreviere: Karl Eisbein

Bus Nr. 693, H Babelsberg Nord

Den Babelsberg, eine 78 m hohe Erhebung südlich des Jagdschlosses Glienicke, gab Friedrich Wilhelm III. 1833 seinem zweitältesten Sohn Wilhelm, dem späteren Kaiser Wilhelm I., und seiner Gemahlin Augusta in Erbpacht. Der Gartenarchitekt Peter Joseph Lenné hatte die einmalig schöne Lage des Babelsberges erkannt und das Interesse des Prinzen darauf gelenkt. Nach Entwürfen Karl Friedrich Schinkels entstand zunächst ein kleines Schloss in englischer Tudor-Gotik, das von Persius und Strack bis 1849 durch Anbauten zu einem großen Prachtbau erweitert wurde. Schon 1833 hatte Lenné den ersten Gestaltungsentwurf zu einem Landschaftsgarten vorgelegt. Der sandige Boden und schlechte Witterungsverhältnisse ließen jedoch einen Teil der neuen Pflanzungen verdorren. Da die Gartenarbeiten bereits viel Geld gekostet hatten und die Privatschatulle des Prinzen leer war, konnte eine ausreichende Bewässerung des Babelsberger Parkes nicht mehr finanziert werden. Lenné mußte seine Arbeit einstellen und die weitere Gestaltung des Parkes wurde ab 1845 Hermann von Pückler-Muskau übertragen, einem weit gereisten Fürsten, der seine an der

Im vornehmen, am Griebnitzsee gelegenen Villenviertel Neubabelsberg lebten in der ersten Hälfte des 20. Jahrhunderts viele Prominente, jüdische Industrielle und Filmschauspieler. Marika Rökk, Theo Lingen, Brigitte Horney hatten hier ihren Wohnsitz.

Park Babelsberg, Matrosenhaus

Neiße gelegene Standesherrschaft Muskau nach eigenen Plänen in einen ausgedehnten Park verwandelt hatte. Pückler-Muskau arbeitete nach anderen Methoden als Lenné: Eine vorerst dichte Bepflanzung machte den Boden durch das herunterfallende Laub fruchtbar. Erst im Nachhinein wurden durch Ausdünnung der Gehölze die Sichtachsen und die Blicke auf freie Rasenflächen geschaffen. Pückler-Muskau ließ das weiträumige sparsame Wegenetz Lennés bestehen und ergänzte es durch viele weitere schmale und geschwungene Wege. Um das Schloss gruppierte er mehrere Terrassen, die mit Porzellangefäßen, Majolikaeinfassungen und farbenfrohen Blumenbeeten ausgestattet wurden. Westlich des Schlosses liegt der Pleasureground, ein mit Blumengärten und Fontänen gestalteter intimer Gartenbereich. Im Norden des Parkes Babelsberg steht im Wasser der Glienicker Lake das Maschinenhaus. Ludwig Persius entwarf 1843 den burgartigen und zinnenbewehrten Nutzbau. Eine Dampfmaschine im Innern pumpte das Havelwasser in zwei höher gelegene Reservoirebecken, das für den Betrieb der Fontänen notwendig war. Weitere kleine Bauten wie der Flatowturm, Marstall und Matrosenhaus sowie die 1871 in Berlin abgetragene und hier wieder errichtete Gerichtslaube des alten Rathauses sind in das romantische Parkbild mit einbezogen. Für Kronprinz Friedrich Wilhelm, dem späteren Kaiser Friedrich III., wurde nahe der Havel ein neugotisches Sommerschlößchen erbaut, das sog. Kleine Schloss, das nach seinem Tod für Gäste und Dienstpersonal Wohnung bot. Heute ist hier ein Restaurant eingerichtet.

Während der Potsdamer Konferenz residierte Josef W. Stalin in der Villa des Teppichverlegers Paul Herpich in der Hauptallee des Babelsberger Villenviertels, der ehemaligen Kaiserstraße (heute Karl-Marx-Straße 27). Präsident Truman bezog die Villa des Verlegers Gustav Müller-Grote in der Karl-Marx-Straße 2, in deren Räumen er den Befehl zum Abwurf der Atombomben auf Japan unterzeichnete. Winston Churchill sowie sein Nachfolger Clement Attlee wohnten in der von Mies van der Rohe erbauten Villa des Bankiers Urbig in der Ringstraße (heute Virchowstr. Nr. 23). Keine der drei „Konferenzvillen" ist zu besichtigen. Außer der Villa Urbig stehen noch zwei weitere Häuser in Babelsberg, die dem Frühwerk Mies van der Rohes angehören: das Landhaus in der Spitzweggasse 3 und die ehemalige Villa Mosler, ein schlichter Klinkerbau in der Karl-Marx-Straße 28.

Schloss Babelsberg

Die malerische asymmetrische Schlossanlage im Stil englischer Tudorgotik errichteten 1833 bis 1835 Karl Friedrich Schinkel und Ludwig Persius, und in einer zweiten Bauphase 1844 bis 1849 Johann Heinrich Strack. Auftraggeber waren der spätere Kaiser Wilhelm I. und seine Frau Augusta von Sachsen-Weimar. Neugotisch ist auch die nur teilweise erhaltene Innenausstattung. Schloss Babelsberg gehört zur Stiftung Preußische Schlösser und Gärten Berlin-Brandenburg.

Im Park Babelsberg, 14482 Potsdam
03 31-9 69 42 50
Kastellanin: Ulrike Gruhl
Jan.–März, Nov./Dez. Sa/So 10–16 Uhr (letzte Führung 16 Uhr)
Nov.–März nur mit Führung
April–Okt. Di–So 10–18 Uhr
Führung ca. 40 Min., Gruppenanmeldung für das Schloss unter Tel. 03 31-96 94 250, für Schloss und Park im Besucherzentrum Sanssouci
Bus 690, H Babelsberg Nord
40.000

Auf Wunsch der Prinzessin Augusta richtete sich Karl Friedrich Schinkel 1833 bei dem Entwurf des Babelsberger Schlosses nach dem Stil der englischen Neugotik. Als Anregung für den Architekten diente ein Cottage-Entwurf aus dem 1815 von Robert Lugar veröffentlichten Buch zur ländlichen Architektur, das Augusta in ihrer Bibliothek besaß. Auch die Burgen am Rhein, die Wilhelm und Augusta auf einer Reise 1830 sahen, beeinflussten in ihrer Romantik die Gestaltung des neuen Schlosses. Neben Prinzessin Augusta, die in Weimar bei Goethe Zeichenunterricht erhalten hatte, fertigte auch der damalige Kronprinz Friedrich Wilhelm (IV.) Entwurfszeichnungen an. Der ursprüngliche Entwurf des vielglie-

Schloss Babelsberg

drigen und asymmetrischen Schlossbaus mit mehreren Türmen und Terrassen in gelbem Backstein wurde bis 1835 nur zum Teil ausgeführt. Als Wilhelm 1840 zum Thronfolger ernannt wurde, da die Ehe seines Bruders Friedrich Wilhelm IV. kinderlos geblieben war, nahm man die Arbeiten am Schloss wieder auf. Johann Heinrich Strack und Ludwig Persius veränderten nun die Pläne Schinkels für den noch nicht gebauten Südwestflügel. Der neue Teil zeichnet sich durch eine bizarre Silhouette mit vielen Erkern und Söllern aus.

Der früheste neugotische Bau in Potsdam war bereits 1754/55 mit dem Nauener Tor entstanden. In den Potsdamer Parkanlagen fanden seit Friedrich Wilhelm II. im ausgehenden 18. Jahrhundert neugotische Gartengebäude einen festen Platz: die Gotische Bibliothek und die Meierei im Neuen Garten sowie die Meierei auf der Pfaueninsel im Stil der Ruinengotik. 1828 entstand der neugotische Jägerhof im Glienicker Park für den Prinzen Karl.

Von der Vielzahl der neugotisch eingerichteten Wohnräume, deren Ausgestaltung ebenfalls teilweise auf Schinkel zurückgeht, bildet ein achteckiger Festsaal den Mittelpunkt. Derzeit sind nur Vestibül, Augustawohnung, Teesalon, Bibliothek und Tanzsaal zu besichtigen, deren Innenarchitektur sich durch eine elegante und kühle Neugotik auszeichnet.

Bitte beachten Sie unsere Besucherhinweise

- *Stadtinformationen* 248
- *Stiftung Preußische Schlösser und Gärten Berlin-Brandenburg* 252
- *Potsdam-Museum* 254

Schloss Babelsberg, Teesalon

Flatowturm

Der neugotische Aussichtsturm auf der Höhe des Babelsberges wurde für den König und späteren Kaiser Wilhelm I. gebaut. Der Blick von der Aussichtsplattform reicht über den Park Babelsberg, die Havelseen bis nach Sacrow, zum Marmorpalais und dem Belvedere auf dem Pfingstberg. Der Flatowturm gehört zur Stiftung Preußische Schlösser und Gärten Berlin-Brandenburg.

Im Park Babelsberg
03 31-9 69 42 49
Kastellanin: Ulrike Gruhl
April–15. Okt. Sa /So 10–17 Uhr
Bus 695, H Humboldtring/Nuthestraße,
Straßenbahn 94, H Humboldtring/Nuthestraße
20.000

Den runden Flatowturm errichtete Johann Heinrich Strack 1853 bis 1856 nach dem Vorbild des Eschenheimer Torturms von Frankfurt/Main. Ursprünglich standen auf der Bastion Kanonen und man gelangte nur über eine Zugbrücke ins Innere. Die an der Romanik und Gotik orientierte historisierende Innenausstattung erfolgte nach den Ideen des Königs als Spielzimmer, Trinkhalle, Dienerzimmer und Arbeitszimmer.

Aussichtspunkte haben in Potsdam Tradition: unter Friedrich II. das Belvedere auf dem Klausberg, unter Friedrich Wilhelm II. das Belvedere auf dem Dach des Marmorpalais und die Türme des Pfaueninselschlosses, unter Friedrich Wilhelm IV. die Orangerie im Park Sanssouci mit ihren beiden Türmen und das Belvedere auf dem Pfingstberg.

Das Inventar des Turmes erlitt im Zweiten Weltkrieg und in den Nachkriegswirren schwere Verluste. Eine umfangreiche Restaurierung des Innen- und Außenbaus konnte 1986 abgeschlossen werden.

Im Erdgeschoss liegen zwei Räume, die ehemalige Trinkhalle, die ihren Namen nach der hier ursprünglich aufgestellten Sammlung von Trinkgefäßen erhielt, und das Spielzimmer. Beide Hallen besitzen noch weitgehend ihr originales Mobiliar. Im Zwischengeschoss ist eine Ausstellung zur Geschichte des Flatowturms eingerichtet. In den Obergeschossen hängen Gemälde des 19. Jahrhunderts sowie Grafiken und Zeichnungen von Anlagen und Bauten des Babelsberger Parkes. Vom obersten Turmzimmer tritt der Besucher ins Freie auf die umlaufende Galerie hinter dem Zinnenkranz.

Flatowturm im Park Babelsberg

Sternwarte Babelsberg

In der Sternwarte befindet sich eine umfangreiche Sammlung astronomischer Instrumente aus 300 Jahren wissenschaftlicher Forschung. Die Sternwarte Babelsberg gehört zum Astrophysikalischen Institut Potsdam.

An der Sternwarte 16, 14482 Potsdam
03 31-7 49 90
03 31-7 49 92 00
http://www.aip.de/8080
Prof. Dr. Günther Hasinger
Besuch und Führungen nur nach telefonischer Vereinbarung
Anmeldungen unter Tel. 03 31-7 49 92 02, Dr. Fritze,
03 31-7 49 92 31, Prof. Liebscher
Ab Bahnhof Babelsberg mit Bus 693, H Sternwarte
Autobahn 115, Ausfahrt Potsdam-Babelsberg,
Richtung Rosa-Luxemburg-Straße
Vor dem Haupteingang

Hauptgebäude der Sternwarte Babelsberg

Die Entstehungsgeschichte des Astrophysikalischen Instituts lässt sich bis auf die von Gottfried Wilhelm Leibniz angeregte Gründung der brandenburgischen Societät, der späteren preußischen Akademie der Wissenschaften, im Jahre 1700 zurückverfolgen. Die Forschungstätigkeit begann in Berlin und wurde von bedeutenden Wissenschaftlern wie Leonard Euler, Johann Bernoulli und anderen geprägt. 1846 wurde von der Berliner Sternwarte aus der Planet Neptun entdeckt. Da die komplette Umbauung der Sternwarte die astronomischen Beobachtungen erschwerten, verlegte man die Sternwarte 1913 nach Babelsberg. Der nun gewählte neue Standort der Sternwarte auf einem Gelände, das ursprünglich zum Schlosspark gehörte, ermöglichte günstige Beobachtungsbedingungen. Regierungsverordnungen untersagten die nahe Ansiedlung von Fabriken, um auch künftig die Forschungen nicht zu behindern.

Die Gründung des Astrophysikalischen Observatoriums auf dem Telegraphenberg erfolgte im Jahre 1874.

1915 wurde der Große Refraktor von Carl Zeiss Jena mit einer Brennweite von 10,4 m aufgestellt. Der 65-cm-Refraktor, das erste astronomische Großinstrument der Firma Carl Zeiss Jena, kann heute noch besichtigt werden. Aus der Zeit vor dem Umzug sind unter anderem der Quadrant von Langlois, mit dem 1737 die Abplattung der Pole nachgewiesen wurde, und die Gasentladungsröhren, mit denen 1886 in Berlin die Kanalstrahlen entdeckt wurden, ausgestellt. Das 1924 fertig gestellte 120-cm-Spiegelteleskop, damals das zweitgrößte Fernrohr der Welt, wurde nach dem Zweiten Weltkrieg von den sowjetischen Besatzern neben anderen Instrumenten demontiert und als Reparationsleistung abtransportiert. Der Niedergang der astronomischen Forschung hatte allerdings schon vor ihrem faktischen Ende bei Kriegsausbruch durch die Vertreibung der jüdischen Mitarbeiter begonnen. In der DDR wurden die Forschungsarbeiten wieder aufgenommen, waren aber durch den eingeschränkten Kontakt mit den Kollegen der westlichen Welt sehr schwierig. Die Gründung des Astrophysikalischen Instituts Potsdam, deren Hauptsitz die Sternwarte Babelsberg ist, erfolgte 1991.

Nowaweser Weberstube

Das Museum zeigt Dokumente zur Geschichte des Stadtteils Babelsberg und seiner Vorgängergemeinden.

Museum: Karl-Liebknecht-Straße 23, 14482 Potsdam
Büro: Karl-Liebknecht-Straße 135, 14482 Potsdam
03 31-70 70 59
Förderkreis Böhmisches Dorf Nowawes – Neuendorf e.V
Di und Do 13-16 Uhr
und nach Vereinbarung
Es werden Führungen durch das Museum und durch den Stadtteil Babelsberg durchgeführt.
Anmeldung unter Tel. 03 31-70 70 59, maximal 20 Personen
S-Bahn-Linie 7, Station Babelsberg
Am Museum
Eingeschränkt behindertengerecht (kein WC)

Babelsberg entstand aus drei historischen, ursprünglich autonomen Siedlungen: dem Dorf Neuendorf, der böhmischen Weberkolonie Nowawes und der Siedlung Klein-Glienicke. Das Museum ist in einem Kolonistenhaus von Nowawes untergebracht. Diese Siedlung wurde 1750 von Friedrich II. als neue Heimstatt für böhmische Weber gegründet, die wegen ihres evangelischen Glaubens gezwungen worden waren, Böhmen zu verlassen. Jede Familie erhielt eine winzige Doppelhaushälfte mit zwei Räumen und Küche sowie etwas Gartenland geschenkt. Die kleinen Kolonistenhäuser erkennt man heute noch an ihrer typischen Architektur: eingeschossige traufseitig zur Straße stehende Doppelhäuser. Das Museum umfasst derzeit nur zwei Ausstellungsräume. Der erste Raum ist der Geschichte der Nowaweser Hausweberei und der Lebenssituation in der Weberkolonie gewidmet. Der zweite Raum zeigt die Entwicklung von Neuendorf und Nowawes zur größten Industriestadt des Kreises Teltow zwischen 1870 und 1930.

Filmpark Babelsberg

Der Erlebnispark befindet sich auf einem Teil des Geländes der Filmproduktionsstätten von Ufa und DEFA. Die Attraktionen eines Vergnügungsparks, Exponate und Kulissen aus der Filmgeschichte von Ufa und DEFA, aber auch Einblicke in aktuelle Film- und Fernsehproduktionen bieten kurzweilige und informative Unterhaltung für jung und alt.

Postfach 90 03 34, 14439 Potsdam
Eingang: Großbeerenstraße, 14482 Potsdam

Besucherservice: 0 18 05-34 56 72*
Gruppenreservierungen: 0 18 05-34 66 66*
(*0,24 DM/Min aus d. Netz d. Dt. Telekom)

0 18 05-34 56 77*

http://www.filmpark.de
info@filmpark.de

René van der Putten

März-Juni, Sept.-Okt. Mo-So 10-18 Uhr, Juli-Aug. 10-20 Uhr

VIP-Tour nach Voranmeldung: zweistündige Führung

Bus 696, H Bahnhof Medienstadt,
Busse 690, H Filmpark

Am Eingang (1.000 Pkw)

Behindertengerecht (Rollstuhlrampen, WC),
Boomer - Das U-Boot/ Showscan - Actionkino nicht für Rollstuhlfahrer zugänglich

550.000

Bis ins Jahr 1911 reichen die Anfänge der ehemals größten Filmstadt zurück. Damals kaufte die Deutsche Bioscop-Gesellschaft, ein Berliner Stummfilmproduzent, das Gelände am Rande der Villenkolonie Neubabelsberg. Der erste erfolgreiche Streifen war der Film „Totentanz" mit Asta Nielsen, es folgten Dreharbeiten für „Der Student von Prag" und „Der Golem".

1921 erwarb die Universum Film AG, kurz Ufa, die Babelsberger Produktionsstätten. Der nationalistisch ausgerichtete Pressekonzern Alfred Hugenbergs übernahm 1927 die Ufa. 1933, nach der Gründung der Reichsfilmkammer, unterlag die Produktion völlig dem Einfluß des Reichspropagandaministers Joseph Goebbels. Rund 1.300 Filme wurden von 1912 bis 1945 gedreht. Bedeutende Regisseure wie Friedrich Murnau oder Fritz Lang hatten hier ihre Wirkungsstätte. Die Namen von Emil Jannings, Greta Garbo, Marlene Dietrich, Hans Albers, Heinz Rühmann und Marika Rökk sind mit Babelsberg verbunden.

1946 wurde die Deutsche Film AG, die DEFA, gegründet. Sie avancierte später zur einzigen Spielfilmproduktionsstätte der DDR. Ihr Debüt hatte die DEFA mit Wolfgang Staudtes Film „Die Mörder sind unter uns" mit Hildegard Knef. Literaturverfilmungen von Rang wie „Die Affaire Blum", „Der geteilte Himmel" und „Spur der Steine" wurden in Babelsberg gedreht. Internationale Anerkennung gewannen die Märchenfilme, vor allem „Das kalte Herz" und „Die Geschichte vom kleinen Muck". „Das Sandmännchen" und die Indianerfilme mit Gojko Mitic gehören zu den bekanntesten DEFA-Produktionen. 1990 wurde die

Figurenparade

DEFA in eine Kapitalgesellschaft umgewandelt. Die Mehrzahl der ehemals 4.000 Mitarbeiter wurde entlassen.

Drei Jahre nach der Wiedervereinigung erwarb der französische Konzern CGE, heute Vivendi, das Gelände. Es ließen sich Fernseh- und Rundfunkanstalten, mittelständische Unternehmen der Medienbranche und junge Filmfirmen auf dem 46 Hektar großen Areal nieder. Filme wie „Otto – Der Liebesfilm", „Die unendliche Geschichte II" und internationale Produktionen wie „Prinz Eisenherz" und „Hostile Waters" hatten hier ihren Drehort. Die Produktionen von Fernsehserien bildet ein zweites wirtschaftliches Standbein.

1993 eröffnete die neu gegründete „Babelsberger Studiotour GmbH" auf einem Teil des Geländes einen Erlebnispark. Für die zahlreichen Attraktionen, wie die spektakulären Stuntshows, im Vulkan das Actionkino, die Filmtiershow oder für die Tauchgangsimulation in „Boomer – das U-Boot" aus dem Film „Hostile Waters" sollte man einen Tag einplanen. Zu den Filmdekorationen gehören eine Westernstraße mit Goldwaschanlage, die Gärten des kleinen Muck und die Welt des Horrors.

Im Filmkabinett werden dem Filminteressieren historische Filmkulissen und -tricks aus Science-Fictions und Fantasy-Filmen vorgestellt. Originaldekorationen der „Unendlichen Geschichte", „Alien", „Der Terminator" u.a. sind zu bewundern. Kleinere Kinder werden Janoschs Traumland und das Sandmann-Studio anlocken. Über das Gelände der heutigen Filmproduktionsstätten führt eine Shuttle-Tour. Zusätzliche Angebote sind Talkshows, Kindergeburtstagsparties und andere Sonderveranstaltungen.

- VIP Angebote (Tel. 0 18 05-34 56 72*)
- Spezielle Angebote für Schüler, Senioren, Gruppen (Tel. 0 18 05-34 66 66*)
- Auf dem Gelände des Filmparks befindet sich das als Ritterburg gestaltete Erlebnisrestaurant „Prinz Eisenherz" (Tel. 0331/7 21 27 09)

(*0,24 DM/Min aus d. Netz d. Dt. Telekom)

Jagdschloss Stern

Der einfache 1730 bis 1733 errichtete Backsteinbau in der Parforceheide diente Friedrich Wilhelm I. als Jagdschloss. Der schlichte Bau ist das Einzige Schloss, das für den Soldatenkönig entstand, und frühestes Beispiel holländisch-bürgerlicher Architektur in Potsdam. Das Jagdschloss Stern gehört zur Stiftung Preußische Schlösser und Gärten Berlin-Brandenburg.

Platz Stern/Sternstraße
03 31-9 69 42 40
Kastellanin: Ulrike Gruhl
Nur mit angemeldeter Sonderführung vom 15. Mai–15. Okt. zu besichtigen, Anmeldung unter Tel. 03 31-9 69 42 40
Dauer der Führung ca. 30 Min.
Straßenbahn, Bus
Anfahrt über Autobahnabfahrt Babelsberg
Platz Stern
Eingeschränkt behindertenfreundlich (ebenerdig)

Östlich von Potsdam ließ Friedrich Wilhelm I. zwischen 1725 und 1729 einen etwa 100 km^2 großen Tiergarten für die von ihm so geliebte Parforcejagd („par force" – mit Gewalt) anlegen. Bei dieser Jagd hetzten Reiter und Hunde das ausgewählte Wild bis zur völligen Erschöpfung – bis dem Tier der Fangstoß versetzt werden konnte, der ausschließlich dem König vorbehalten war. Für diese Form der Jagd benötigte man freie Wege und einen lichten Wald. Zwei Wegesterne gab es in der Potsdamer Parforceheide, von denen sich der große sechzehnstrahlige weitestgehend erhalten hat. Das Jagdschlösschen liegt am Rand des Sterns und nicht, wie bei fürstlichen Anlagen dieser Art üblich, in der Mitte. Der Architekt ist nicht sicher nachzuweisen, vermutlich entwarf es Jan Bouman oder der Holländer Cornelis van den Bosch. Der Außenbau folgt in der Gestaltung

nordholländischen Reihenhäusern mit Giebelfassade.
Das Innere ist in der Art holländisch-bürgerlicher Wohnkultur gestaltet. Ein holzgetäfelter Saal mit sieben hohen holländischen Schiebefenstern nimmt die ganze Breite des Hauses ein. Lediglich eine kleine, zweckmäßig eingerichtete Küche, ein Adjutandenzimmer und ein Schlafzimmer gehören noch zum Raumprogramm. Die Küche mit ihren Delfter Fayencefliesen und das Schlafzimmer mit dem niederländischen Kojenbett entsprechen der Vorliebe Friedrich Wilhelms für alles Holländische. Die Innenausstattung aus der Zeit des Soldatenkönigs ist nahezu vollständig erhalten und gibt eine gute Vorstellung von der spartanischen Lebensweise des Königs. Nur der Saal mit seiner geschnitzten Ornamentik, den Hirschgeweihen und einer Serie von Jagdbildern zeigt eine aufwendigere Gestaltung. Alle anderen Räume sind schlicht und bürgerlich eingerichtet und zeugen von der Sparsamkeit des Soldatenkönigs.

Jagdschloss Stern

Berliner S-Bahn-Museum

Das Museum zeigt auf ca. 300 Quadratmetern Exponate aus Geschichte und Gegenwart der Berliner S-Bahn.

Rudolf-Breitscheid-Straße 203, 14482 Potsdam
0 30-78 70 55 11
0 30-78 70 55 10
Ansprechpartner: Udo Dittfurth, Frank Böhnke
April-Dez. am 2. Wochenende im Monat 11-17 Uhr
Führungen nach Vereinbarung, Dauer der Führung 1-2 Std.
S7 Potsdam-Ahrensfelde, S-Bahnhof Griebnitzsee
Nicht behindertengerecht

Das Museum befindet sich noch im Aufbau. Es wurde 1996 gegründet und ist im Umspannwerk Griebnitzsee direkt neben dem S-Bahnhof eingerichtet. Der Grundstein für die Sammlung wurde bereits 1984 gelegt, als der Senat im Westteil Berlins die S-Bahn übernommen hatte, die Strecken teils still legte, teils modernisierte. Das Museum hat ausschließlich ehrenamtliche Mitarbeiter. Thema der Ausstellung ist alles, was zur Berliner S-Bahn gehört: Schilder, Stellwerksteile, Gleisbau, Bahnsteiginventar, Signale, Fahrkartenautomaten, Fahrzeugteile, Uniformen, Fahrkarten, Fotos etc. Eine Besonderheit des Museums ist, dass möglichst viele Objekte in Funktion gezeigt werden sollen, d.h. die Exponate dürfen berührt und „getestet" werden. Interessant ist die Dokumentation der unterschiedlichen Entwicklung der S-Bahn in Ost- und Westberlin.

- Ein Viertel der Fläche steht für wechselnde Ausstellungen oder Veranstaltungen zur Verfügung.
- Im Museum können Broschüren und Souvenirs, z. B. historische Fahrkarten, Uniformteile und Schilder, gekauft werden.

Berliner S-Bahn-Museum

Einsteinturm und Großer Refraktor auf dem Potsdamer Telegrafenberg

Auf dem Telegrafenberg liegt das 16 ha große Gelände des „Wissenschaftsparkes Albert Einstein". Von 1876 bis 1924 wurden hier Bauten für Institute und Beobachtungsstationen verschiedener naturwissenschaftlicher Einrichtungen errichtet, darunter mit dem Einsteinturm eines der berühmtesten Bauwerke des 20. Jahrhunderts. Einsteinturm und Großer Refraktor gehören zum Astrophysikalischen Institut Potsdam.

Telegrafenberg, 1, 14473 Potsdam
03 31-2 88-23 31
03 31-2 88-23 10
Prof. Dr. Jürgen Staude
Einsteinturm:
Die Besichtigung ist nur zu vorgegebenen Terminen möglich.
Nachfrage bei dem Urania-Verein „Wilhelm Foerster" e.V.
unter Tel. 03 31-29 36 83
Großer Refraktor:
Mai–Okt. Sa/So 11.00-18.00 Uhr, im Winterhalbjahr geschlossen
Der Besuch des Refraktors ist kostenlos
Führungen nach Vereinbarung
unter Tel. 03 31-2 88-23 31
S-Bahnhof Potsdam Stadt
Vor dem Eingang zum Wissenschaftspark Albert Einstein
Nicht behindertengerecht
6.000
Zusatzinformationen über Internet erreichbar:
aipsoe.aip.de/einsteinturm-d.html, aipsoe.aip.de/refraktor/

Das Astrophysikalische Observatorium wurde 1874 als erstes astronomisches Institut mit physikalisch orientiertem Forschungsprofil gegründet. Im gleichen Jahr begannen die Bauarbeiten im Süden Potsdams. Als Standort wurde ein Hügel gewählt, der seinen Namen nach der früher hier befindlichen optischen Telegrafenstation – eine von 61 Stationen zwischen Berlin und Koblenz – erhalten hatte. Für die instrumentelle Ausrüstung beauftragte das Institut 1874 Hans Carl Vogel, für die bauliche Umsetzung Paul Emanuel Spieker, einen Schüler des bedeutenden königlichen Architekten Friedrich August Stülers. Das Hauptgebäude erhielt drei Pavillons, die Drehkuppeln tragen. In zwei der Kuppeln sind auch heute noch Instrumente zur Sonnenbeobachtung installiert.

Weitere wissenschaftliche Institute, z. B. für Geophysik, Astrophysik, Meteorologie und Klimaforschung, siedelten sich in unmittelbarer Nachbarschaft an. Auch Wohnhäuser für die Wissenschaftler wurden errichtet. Damit entstand eine großräumige Forschungsanlage, die Astronomie und Physik, Sternwarte und Laboratorien vereinte.

Der 1899 eingeweihte Große Refraktor ist heute noch der viertgrößte der Welt. In dem riesigen gründerzeitlichen Kuppelbau informiert eine interessante Ausstellung über die Bau- und Wissenschaftsgeschichte des Einsteinturms. Neben historischen Instrumenten beeindruckt besonders der Refraktor, ein 12,5 Meter langes Doppelfernrohr mit Linsendurchmessern von 80 cm und 50 cm und Brennweiten von 12 Metern. Allein seine beweglichen Teile wiegen sieben Tonnen.

Nachdem man sich der Leistungsfähigkeitsgrenze der Refraktoren immer mehr näherte, wandte sich die Wissenschaft dem Spiegelteleskop, den Reflektoren, zu. Das erste Sonnen-(Turm-)Teleskop Europas ist ein Refraktor, der das Licht aber über ein bewegliches Spiegelsystem zugeführt bekommt. Er befindet sich ebenfalls auf dem Telegrafenberg. Der 20 Meter hohe Einsteinturm umkleidet das fest stehende Teleskop, dessen Objektiv eine Brennweite von 14,5 m aufweist.

Einsteinturm

Albert Einstein hatte 1911 seine allgemeine Relativitätstheorie vorgelegt. Seine Theorie beschrieb Effekte, die bisher noch nicht nachgewiesen werden konnten: die Ablenkung von Lichtstrahlen beim Vorübergang an schweren Massen und die Rotverschiebung des Lichts, dessen Quelle sich in einem Schwerefeld befindet. Erwin Finlay Freundlich, ein begeisterter Anhänger der Relativitätstheorie, bemühte sich um den praktischen Nachweis dieser Effekte. Hilfe fand Freundlich nicht nur bei Einstein, sondern auch bei vielen anderen Naturwissenschaftlern, die Einstein in Berlin halten wollten. Erich Mendelsohn, ein junger Architekt, der Kontakte zu zeitgenössischen Künstlern pflegte, sandte Freundlich einige seiner schwungvollen Architekturentwürfe für das Turmteleskop zu. Freundlich hatte nur die technischen und optischen Daten des Teleskops festgelegt. Für die Architektur behielt Mendelsohn volle künstlerische Freiheit. Wohl wegen des geringen Entgelts, das Mendelsohn verlangte, widersprach 1920 niemand der Fürsprache Freundlichs für den modernen Architekten. In der Kuppel des Einsteinturms befindet sich der Coelostat. Über ein Spiegel- und Linsensystem werden die Strahlen der kosmischen Lichtquellen in das untere Laboratorium geleitet.

Mendelsohn hatte das Observatorium als massiven Betonbau geplant. Doch in der Nachkriegszeit 1920/21 waren Baustahl und Zement nicht ausreichend zu erhalten, weshalb er seine Architektur in Ziegelmauerwerk ausführte, das er mit einer Betonschicht überzog.

Das „organisch" geformte, auch heute noch futuristisch anmutende Gebäude, dessen Form Anklänge an den Turm eines U-Bootes hat, begründete den Ruhm Erich Mendelsohns. Der Einsteinturm gehört zu den wichtigsten Architekturen, die die Moderne einleiteten.
Der Einsteinturm wurde 1997 bis 1999 grundlegend restauriert. Bei einer Innenbesichtigung, die nur im Rahmen einer Führung möglich ist, werden Einzelheiten zum Gebäude, zum Teleskop und zu den gegenwärtigen Aufganben erläutert.
Eine Außenbesichtigung des Turmes ist unbedingt empfehlenswert.

Glienicker Brücke

Die Glienicker Brücke liegt an einem der schönsten Punkte der Potsdamer Landschaft. Von hier führt der Blick über die Havelseen ringsum zu Lennéschen Gartenanlagen, zum Schloss Babelsberg, zum Casino von Glienicke und zur Sacrower Heilandskirche.

Seit dem 17. Jahrhundert verband eine hölzerne Brücke das Berliner und Potsdamer Havelufer. 1834 wurde sie durch eine steinerne, von Schinkel entworfene Brücke ersetzt, die zu Beginn des 20. Jahrhunderts dem ständig steigenden Verehr nicht mehr gewachsen war. Daher wurde 1904 ein Neubau ausgeschrieben, der aus Stahl bestehen und die äußere Gestalt einer Hängebrücke haben sollte. Verwirklicht wurde der Entwurf der Duisburger Brückenbauanstalt Johann Kaspar Harkort. Die feierliche Eröffnung der 22,5 m breiten Stahlbrücke fand Ende November 1907 statt.

Im April 1945 wurde die Brücke von der Deutschen Wehrmacht gesprengt. Durch die Explosion verschoben sich die Strompfeiler und die Brücke zerriss genau in der Mitte in zwei Teile. Eine hölzerne Notbrücke diente vorübergehend dem Verkehr. 1949 war die Stahlbrücke wieder hergestellt und wurde unter dem Namen „Brücke der Einheit" wieder eröffnet. Jedoch mussten an die Gestalt der Brücke Zugeständnisse gemacht werden, da die ausgebesserten Brückenglieder der ursprünglichen Last nicht mehr standhielten. Die außerhalb der Brückenpfeiler laufenden Fußwege verlegte man daher in das Brückeninnere und verengte die Fahrbahn.

In der Mitte der Brücke verlief die Grenze zwischen der Bundesrepublik und der DDR. Nur drei Jahre war die „Brücke der Einheit" uneingeschränkt passierbar. Schon ab Mai 1952 war sie für West- und Ostdeutsche gesperrt und konnte nur noch mit Sonderausweisen und Passierscheinen der DDR-Behörden betreten werden. Sie diente nun vor allem den Berliner Alliierten zur schnellen Verbindung nach Potsdam. Nach dem Mauerbau 1961 wurden die Grenzanlagen perfektioniert und die „Brücke der Einheit" wurde zu einem Symbol der Teilung Deutschlands.

1977 musste die Brücke dringend renoviert werden. Sieben Jahre stritten sich die DDR und der Westberliner Senat um die Übernahme der Kosten. Schließlich finanzierte Westberlin erst die Instandsetzung der „westlichen" Hälfte, dann der „östlichen". Dafür hieß das Bauwerk seit 1985 wieder Glienicker Brücke.

Das Potsdam-Museum besitzt eine Dokumentationsausstellung mit Schrifttafeln und Fotos zur Glienicker Brücke. Sie ist im Foyer des Bundesvermögensamtes (Berliner Straße 98) zu sehen.

Am 18. November 1989, einen Tag nach der Maueröffnung, wurde auch die Glienicker Brücke wieder für den Personenverkehr geöffnet und die Grenzen und Sperranlagen der DDR abmontiert.

Glienicker Brücke

Park Glienicke, Schloss und Casino

Glienicke ist ein englisch geprägter Landschaftspark des 19. Jahrhunderts, der vom führenden Gartenarchitekten Peter Joseph Lenné gestaltet wurde. Karl Friedrich Schinkel, Ludwig Persius und Ferdinand von Arnim waren die Architekten der zahlreichen Parkbauten. Im Schloss und im Casino können die Innenräume aus der Schinkelzeit und eine Ausstellung über die preußischen Hofgärtner besichtigt werden. Schloss, Casino und schlossnahe Parkgebäude sowie die historisch rekonstruierten Gartenanlagen von Blumengarten und Pleasureground gehören zur Stiftung Preußische Schlösser und Gärten Berlin-Brandenburg, der Landschaftsgarten zum Naturschutz- und Grünflächenamt Berlin-Zehlendorf.

✉ Königstraße 36, 14109 Berlin
✆ 0 30-8 05 30 41
Kastellanin: Susanne Fontaine
🕓 15. Mai–15. Okt. Sa/So 10–17 Uhr und an Feiertagen
🚌 Bus 116, H Schloss Glienicke, Straßenbahn 93
[P] An der Königstraße
4.000

Im Jahre 1814 kaufte der preußische Staatskanzler Karl August Graf von Hardenberg das mit Obstbäumen bepflanzte Landgut. Wenig später gab er bei Peter Joseph Lenné die Gestaltung des nahe am Haus gelegenen, intimeren Gartenbereichs in Auftrag. Aus den regelmäßigen Obstterrassen schuf Lenné ein sanft hügeliges Gelände mit Wiesen, Baumgruppen und Blickachsen auf Potsdam und die Havelseen.

Casino im Park Glienicke

Nach dem Tod des Staatskanzlers erhielt Glienicke 1824 der dritte Sohn Friedrich Wilhelms III., Prinz Carl. Unverzüglich begann der Prinz, gemeinsam mit Lenné, die Umwandlung des gesamten Gutes in einen Park zu planen. Dies war für Lenné der erste bedeutende Auftrag zur Gestaltung des Potsdamer Umlandes. Lenné teilte den Landschaftspark in drei Zonen: den Blumengarten zwischen Schloss und Kavalierflügel, den durch Gebäude vom übrigen Park getrennten intimeren Pleasureground sowie den großzügig gestalteten Landschaftsgarten. 1838 war die Gartengestaltung vorerst abgeschlossen. Nach 1840 ließ Prinz Carl den Park noch über das Doppelte der Fläche erweitern.

Das Hardenbergsche Landhaus baute Karl Friedrich Schinkel 1827 in ein klassizistisches Landschloss um. Es entstand ein villenartiger, von italienischen Vorbildern inspirierter Gebäudekomplex, den ein von weitem sichtbarer Turm überragt. Die Dreiflügelanlage enthielt die privaten Wohnräume des Prinzen Carl und seiner Familie sowie Hofdamenzimmer. Da das Schloss während des Zweiten Weltkrieges als

Lazarett genutzt und 1950 bis 1952 zum Sportlerheim umgebaut wurde, blieb die bedeutende Innenarchitektur Schinkels nur noch im Vestibül erhalten. Nachdem Glienicke 1966 der Verwaltung der Staatlichen Schlösser und Gärten übergeben wurde, konnten die Wanddekorationen rekonstruiert und die Räume mit Mobiliar und Gemälden der Schinkelzeit ausgestattet werden.

Südlich der nach Berlin führenden Königsstraße liegt an der Glienicker Lake das Jagdschloss Glienicke, dessen älteste Teile auf einen Schlossbau des Großen Kurfürsten zurückgehen. Bereits unter dem Soldatenkönig diente das Haus als Lazarett, später als Tapetenfabrik und Waisenhaus. 1859 erwarb es Prinz Carl und ließ das Schloss für seinen Sohn Friedrich Carl modernisieren. 1964 wurde das Haus in eine Seminartagungsstätte umgewandelt, dafür völlig entkernt und mit einem modernen Eingangsbereich von Max Taut versehen.

Das nach dem Schloss bedeutendste Bauwerk des Parks ist das am See liegende Casino, ein in Italien übliches, zur Villa gehörendes Sommerhaus. Schinkel gestaltete es 1824/25 durch einen Umbau des ehemaligen Billardhauses. Mit seinen ausladenden Pergolen wirkt der zweigeschossige Bau mediterran und bildet zugleich einen eindrucksvollen Anblick vom gegenüberliegenden Ufer. Prinz Carl stellte im Casino einen Teil seiner umfangreichen Antikensammlung auf. Die beiden im Erdgeschoss liegenden, reich dekorierten Säle sind zur Besichtigung geöffnet. Italienischen Anregungen folgt auch die Verteilung antiker Bruchstücke im Park, sogenannter Spolien. Sie sind in die Mauern des Schlosses und des antikisierenden Tempels der Kleinen Neugierde eingelassen. Römische Säulenfragmente bilden eine malerische Gruppe im Park. In enger Zusammenarbeit mit Lenné entwarfen Schinkel, Persius und Ferdinand von Arnim eine Reihe von Parkgebäuden, z. B. den „Große Neugierde" genannten Aussichtspavillon, das Stibadium, das Hofgärtner- und Dampfmaschinenhaus, das Matrosenhaus, die Einsiedelei und den in Stilformen der Tudor-Gotik gehaltenen Jägerhof für die Hundemeute des Prinzen. Für seine rei-

Unmittelbar am Jagdschloss Glienicke stehen noch wenige der Häuser im „Schweizer Styl", mit deren Bau 1859 Prinz Carl den Architekten Ferdinand von Arnim beauftragt hatte. Zu DDR-Zeiten lag die Siedlung im Grenzgebiet – das Jagdschloss gehörte bereits zu West-Berlin – , weshalb ein Teil der Häuser „der Sicherung der Grenze" zum Opfer fielen.

Schloss Glienicke, Mittelsaal nach Südosten

Löwenfontäne im Park Glienicke

che Sammlung mittelalterlicher und byzantinischer Kunst ließ sich Prinz Carl 1850 von Ferdinand von Arnim im Pleasureground den Klosterhof errichten, eine von Kreuzgängen und Kapellenräumen Italiens angeregte Architekturgruppe, in deren Wände er bedeutende Kunstwerke einfügen ließ. Im Parkbereich südlich der Königstraße steht die Loggia Alexandra, deren Innenwände mit Wandmalereien pompejanischer Art verziert sind. Die Loggia erhielt ihren Namen nach der Zarin Alexandra Feodorowna, der Schwester der drei Prinzen Carl, Friedrich Wilhelm (IV.) und Wilhelm (I.).

St. Peter und Paul auf Nikolskoe

Der reizvolle Ziegelsteinbau der Kirche St. Peter und Paul und das russische Blockhaus Nikolskoe erheben sich über der Havellandschaft auf einem steilen Anstieg.

Nikolskoer Weg, 14109 Berlin
0 30-8 05 21 00
0 30-8 05 21 00
Küsterei: Christa Pirwaß
Täglich zwischen 11 und 16 Uhr geöffnet
Gottesdienste So 15 Uhr
Im Sommerhalbjahr jeden Sonnabend 17 Uhr musikalische Vesper
Mo-Fr 12 Uhr nach dem Glockenspiel Kirchenführung, weitere Führungen nach Anmeldungen möglich

Erster Bau auf der steilen bewaldeten Anhöhe Nikolskoe war das Blockhaus, das heute als Ausflugsgaststätte genutzt wird. 1819 hatte es Friedrich Wilhelm III. anlässlich eines Besuches seiner mit dem russischen Thronfolger verheirateten Tochter Charlotte (Großfürstin Alexandra) erbauen lassen. Um ein weitgehend echt wirkendes russisches Bauernhaus errichten zu können, hatte sich der König die Baupläne für die Blockhütte aus Petersburg senden lassen. Seinen Namen erhielt das Haus nach dem königlichen Schwiegersohn, dem späteren Zaren Nikolaus I.

Neben das Blockhaus ließ Friedrich Wilhelm 1832 eine Kirche bauen. Der König hatte den präzisen Standort des Gotteshauses persönlich festgelegt, wobei er besonders auf die Fernsicht von der Havel achtete. Passend zum Haus sollte auch die Kirche ein russisches Aussehen erhalten. Friedrich August Stüler und Albert Dietrich Schadow entwarfen die Saalkirche. Sie folgten dabei Anregungen Karl Friedrich Schinkels und des Kronprinzen Friedrich Wilhelm (IV.). Insbesondere die Zwiebelkuppel des Turmes, deren Vergoldung an der Sparsamkeit Friedrich Wilhelms III. scheiterte, und die glatte Turmfront sollten die Assoziation an Russland hervorrufen.

Jenseits des von Stüler errichteten „Küster- und Schulhauses" liegt der kleine Friedhof der Pfaueninsel, auf dem der Sandwich-Insulaner Harry Maitey, der Pfaueninselgärtner Fintelmann u.a. begraben liegen.

Stündlich erklingen vom Glockenspiel in den Turmloggien „Üb immer Treu und Redlichkeit" und verschiedene Choräle. In der Prinzengruft sind Prinz Carl und seine Frau, Prinzessin Marie von Sachsen-Weimar, mit ihren Kindern bestattet.

- Bücher und Kirchenführer sind in mehreren Sprachen in der Kirche erhältlich.
- Jeweils zur vollen Stunde Glockenspiel.
- Informationen zu Konzerten und Veranstaltungen unter Tel. 0 30-8 05 21 00.
- An Fr/Sa oft Trauungen, So Taufen.

Schloss und Park Pfaueninsel

Auf der zwischen Jungfernsee und Wannsee gelegenen Insel befindet sich ein romantischer Landschaftspark, der unter Friedrich Wilhelm II. und Friedrich Wilhelm III. angelegt wurde. Das bedeutendste Bauwerk im Park ist das weithin sichtbare Pfaueninselschloss, dessen Interieur aus der Zeit um 1800 nahezu unversehrt erhalten blieb. Schloss und Park Pfaueninsel gehören zur Stiftung Preußische Schlösser und Gärten Berlin-Brandenburg.

Pfaueninsel, 14109 Berlin
0 30-80 58 68 32
0 30-80 58 68 38
Kastellan: Susanne Fontaine
Leiter der Parkreviere: Daniela Kuhnert

Pfaueninsel (Naturschutzgebiet):
Jan.-Febr.; Nov.-Dez. 10-16 Uhr
März/Okt. 9-17 Uhr; April/Sept. 8-18 Uhr
Mai-Aug. 8-20 Uhr
Schloss:
April-Okt. Di-So 10-17 Uhr, letzte Führung 16.30 Uhr
Kassenpause 13-13.30 Uhr
Meierei: Austellung von reproduzierten Plänen und Ansichten zur Inselgeschichte im Erdgeschoß der ehemaligen Meiereiwohnung
Nov.–März So 11–15.30 Uhr, letzte Führung 15 Uhr

Schloss: nur mit Führungen zu besichtigen,
Anmeldung für Gruppen im Besucherzentrum Potsdam
unter Tel. 03 31-9 69 42 01, 03 31-9 69 42 02, Fax 03 31-9 69 41 07

Weiße Flotte Station Pfaueninsel oder S-Bahn bis Wannsee;
Bus 316, A16. Eine Fähre verbindet die Insel mit dem Festland.
Fahrradweg von Glienicke zur Pfaueninsel, am Nikolskoer Weg

In der Nähe der Fähre

Insel: ca. 200.000

Friedrich Wilhelm II. erwarb 1793 den Kaninchenwerder, eine Havelinsel, auf der hundert Jahre früher der Chemiker Johann Kunckel von Löwenstein eine Kristallglashütte zur Herstellung der berühmten Rubingläser betrieben hatte. Schon vor dem Kauf der Insel besuchte sie der König häufig per Boot vom Marmorpalais aus. Friedrich Wilhelm II. gefiel neben der idyllischen Lage auch der jahrhundertealte Eichenbestand, vor allem da er wegen der kompletten Neubepflanzung des Neuen Gartens dort keinen hohen Baumwuchs erleben konnte. Johann Friedrich Eyserbeck, der auch für den Neuen Garten zuständige Gartenarchitekt, gestaltete ab 1793 die Insel mit ihrem alten Baumbestand als Landschaftsgarten, in dem ein Landschlösschen, eine Meierei und andere Parkbauten errichtet wurden. Die Pfauen, die der König auf der Insel ansiedeln ließ und eine große Menagerie, gaben dem Park den Anschein von Naturnähe und Exotik.
In der Blickachse zum Marmorpalais liegt das besonders für die malerische Wirkung aus der Ferne gestaltete weiße Pfaueninselschloss. Der Hofzimmermeister Gottlieb Brendel errichtete das Schloss von 1794 bis 1795 in Fachwerkbauweise. Die äußere Gestalt des Baues täuscht eine Ruine vor. Künstliche Ruinen erfreuten sich als Staffagebauten in den Landschaftsgärten größter Beliebtheit. Die beiden weithin sichtbaren Rundtürme verbindet eine neugotische Eisengussbrücke, die vom Besucher nicht betreten werden darf. Friedrich Wilhelm II. und seine Geliebte, die Gräfin Lichtenau, legten persönlich die Details der Inneneinrichtung fest. So entstanden intime, erlesene, vornehm schlichte Raumausstattungen. Bemerkenswert ist das Otahitische Kabinett, das als Bambushütte mit exotischen Landschaftsausblicken bemalt ist und die Sehnsucht der naturbegeisterten Zeit nach dem unberührten Tahiti widerspiegelt. Bedeutendster Raum des Schlosses ist der im Obergeschoss liegende Saal mit feinster Edelholzverkleidung an Fußboden und Wänden.
Das vollendete Pfaueninselschloss konnte Friedrich Wilhelm II. nur kurze Zeit genießen, da er bereits 1797 starb. Sein Sohn Friedrich Wilhelm III. und seine Frau Luise nutzten die Insel für ihren Sommeraufenthalt, um hier ein bürgerlich zurückgezogenes Familienleben zu führen. Er ließ immer mehr Tierarten auf der Pfaueninsel

Schloss Pfaueninsel

Auf der Pfaueninsel

ansiedeln, die bald wie ein Zoo wirkte. Die Insel entwickelte sich zum beliebtesten Berliner Ausflugsziel, bis die Tiere unter Friedrich Wilhelm IV. nach Berlin kamen, um dort den Grundstock des neu gegründeten Berliner Zoos zu bilden. Die Pfauen, eine Vogelvoliere, das Winterhaus für fremde Vögel und der Wasservogelteich sind noch als Rest des Tierparadieses erhalten. 1821 kaufte Friedrich Wilhelm III. eine berühmte, über 11.000 Pflanzen zählende Rosensammlung. Peter Joseph Lenné legte da-raufhin auf der Insel eines der bedeutendsten europäischen Rosarien an (1989 rekonstruiert).

In der Sichtachse zum Schloss liegt die 1794/95 von Brendel als künstliche Ruine gestaltete Meierei. Im Erdgeschoß der Meierei waren im ausgehenden 18. Jahrhundert tatsächlich zwei Ställe mit Milchkühen untergebracht und der König und seine Gäste konnten eigenhändig melken und buttern. In ihrem Obergeschoss liegt ein prachtvoller, mit neugotischer Grisaillemalerei ausgestatteter Saal – der einzige im Berlin-Potsdamer Raum erhaltene neugotische Innenraum des späten 18. Jahrhunderts. Weitere Parkbauten sind der als Borkenhäuschen getarnte Jagdschirm, das Kavaliershaus, dem eine originale spätgotische Danziger Hausfassade vorgeblendet wurde, und der Rinderstall.

Im Schloss auf der Pfaueninsel

Sacrower Heilandskirche und Schloss

Nördlich von Potsdam liegt auf einer Halbinsel des Jungfernsees das Dorf Sacrow mit dem Schloss und der Heilandskirche. Die über den Jungfernsee weithin sichtbare Kirche von Ludwig Persius und die Parkgestaltung von Peter Joseph Lenné ist Teil des Verschönerungsplanes der Potsdamer Umgebung im Auftrag Friedrich Wilhelms IV. Die Sacrower Heilandskirche gehört zur Evangelischen Pfingstkirche Potsdam, Schloss und Park zur Stiftung Preußische Schlösser und Gärten Berlin-Brandenburg.

Kirche:

✉ Weinmeisterweg 3, 14469 Potsdam
☏ 03 31-50 38 27, 270 58 50
Fax 03 31-50 38 95
Frau Schultz, Norbert Greger
Nov.-Febr. Sa/So 11-16.30 Uhr
März-April Di-So 11-17 Uhr
Mai-August Di-So 11-18.30 Uhr
Sept. Di-So 11-18 Uhr, Okt. Di-So 11-18 Uhr
ab Winterzeit 11-17.30
Jeden zweiten und vierten So im Monat 15 Uhr Gottesdienst
Geistliche Konzerte Mai–Sept. jeden ersten So im Monat 15 Uhr
letzter Sa im Sept. Sportschiffergottesdienst
☞ Gruppenführungen sind nach Anmeldung
das ganze Jahr möglich außer Mo,
Anmeldung Di-Mi 11-12 Uhr und Do-Fr 17-18 Uhr
unter Tel. 03 31-50 38 27 oder unter 03 31-270 58 50
Weiße Flotte oder Bus 697, H Sacrow, Fährstraße
[P] Am Ortseingang Sacrow (von Potsdam kommend)

Park und Schloss:

Krampnitzer Straße 33, 14469 Potsdam-Sacrow

03 31-50 18 96

Kastellan: Günter Voegele

Schloss:

Wiedereröffnung geplant

Park:

Immer geöffnet

Bus 695 vom S-Bahnhof Potsdam Stadt, H Sacrow, Fährstraße; Weiße Flotte oder Bus 695 vom S-Bahnhof Potsdam Stadt; H Sacrow, Fährstraße

Am Ortseingang Sacrow (von Potsdam kommend)

Schloss Sacrow geht auf eine 1773 von Graf Johann Ludwig v. d. Hordt, Generalmajor Friedrichs des Großen, begründete Gutsanlage zurück. Bereits er ließ einen Park anlegen, der vom Gutshaus bis zum Seeufer reichte. Nach mehrmaligem Besitzerwechsel erwarb Friedrich Wilhelm IV. 1840 das Land. Das Gutshaus wurde geringfügig umgebaut und mit einer klassizistischen Fassade versehen, der Park von Peter Joseph Lenné in die Potsdamer Kulturlandschaft eingebunden. 1938 wurde das Gutshaus vom reichsforstminister Alpers im heimatstil überformt.

Der König betraute seinen Hofarchitekten Ludwig Persius mit dem Entwurf einer Kirche, für die ein Standort neben dem Schloss auf einer Landzunge direkt an der Havel gewählt wurde. Die Kirche wurde 1841 bis 1844 gebaut. Ein Drittel der Bausumme verschlang allein die Gründung des Fundaments im Havelwasser. Doch gerade der Spiegelung im Wasser verdankt die Heilandskirche ihre malerische Wirkung.

Auf allen Seiten umlaufen den einschiffigen schlichten Baukörper Arkaden, die von weitem wie Seitenschiffe wirken und der Kirche einen basilikalen Charakter verleihen. Die flache Dachneigung, der frei stehende Glockenturm, die Arkaden und die horizontalen Streifen von blauglasierten Ziegeln sind von italienischer Romanik und

Sacrower Heilandskirche

frühchristlicher Architektur angeregt.

Bis zur Einweihung der Friedenskirche war die Heilandskirche die Hofkirche Friedrich Wilhelms IV., der in den Sommermonaten mit seinem Hofstaat per Schiff fast jeden Sonntag den Gottesdienst hier besuchte.

Von der Schließung der innerdeutschen Grenze am 13. August 1961 war Sacrow besonders betroffen, da das Kirchengelände fortan von den Grenzanlagen eingeschlossen wurde. Nach einem letzten Gottesdienst am Heiligen Abend 1961 wurde das Interieur der Kirche zerstört, um eine weitere Nutzung zu verhindern.

Spendengelder der Stiftung Tagesspiegel und des Westberliner Senats verhinderten 1984/85 den völligen Zerfall der Kirche durch die Finanzierung von Sanierungsarbeiten im Außenbau. Erstmals konnte nach der Wende am Heiligen Abend 1989 ein deutsch-deutscher Gottesdienst wieder in der Kirche abgehalten werden. 1993 bis 1995 wurde auch der Innenraum nach Befunden rekonstruiert.

Schloss Caputh

Die Residenz Caputh ist die einzige Schlossanlage in der Potsdamer Umgebung, die aus der Zeit des Großen Kurfürsten erhalten blieb. Das kleine, direkt am südlichen Havelufer gelegene Landgut wurde ab 1671 für Kurfürstin Dorothea zu einem kurfürstlichen Sommerschloss ausgebaut und mit einem Park umgeben. Schloss Caputh gehört zur Stiftung Preußische Schlösser und Gärten Berlin-Brandenburg.

03 32 09-7 03 45
Kastellanin: Petra Reichelt
15. Mai–15. Okt. Di–So 10–17 Uhr
16. Okt.–14. Mai Sa/So 10–16 Uhr
Weiße Flotte, H Schloss Caputh oder Bus 607, H Rathaus
Die Gemeinde Caputh ist von Potsdam über die Templiner Straße mit dem Auto zu erreichen
P In der Straße der Einheit

Seit der Mitte des 16. Jahrhunderts war der Ort Caputh im Besitz der brandenburgischen Kurfürsten. 1662 bekam der holländische Ingenieur und Baumeister Philipp de Chieze das kurfürstliche Gut übertragen. Unter Verwendung von Resten des alten Gutes baute sich de Chieze ein Landhaus. Es entstand ein einfacher Baukörper über rechteckigem Grundriss, der bereits im Wesentlichen den heutigen Ausmaßen des Schlosses entsprach. 1671 erwarb der Große Kurfürst Caputh zurück. Er schenkte es seiner zweiten Frau Dorothea, die Caputh als Sommerresidenz ausbauen und die Innenräume mit reichen Dekorationen versehen ließ. Das Schloss erhielt zwei Pavillonanbauten sowie eine Freitreppe auf der Gartenseite.

Im Innern liegen ein Festsaal mit vergoldeten Stukkaturen und viele kleine Kabinette, die dem Kurfürstenpaar als Wohnräume dienten. Der barocke Stuck und die allegorischen Deckenbilder haben sich in fast allen Räumen nahezu vollständig erhalten. Das Haus ist mit bedeutenden Gemälden aus der Zeit des Großen Kurfürsten ausgestattet. Der interessanteste Raum des Schlosses ist der im Erdgeschoss liegende Fliesensaal. Er diente als Sommerspeisesaal und wurde erst um 1720 im Auftrag von Friedrich Wilhelm I. vollständig mit blau-weißen holländischen Fayencefliesen verkleidet. Der Soldatenkönig kam anlässlich der Jagden im nahe gelegenen Tiergarten gelegentlich hierher, weshalb Caputh zu den wenigen Schlössern gehörte, die er in Stand halten ließ.

Bis 1820 blieb Caputh in königlichem Besitz. Nachdem die letzten privaten Eigentümer nach dem Zweiten Weltkrieg das Schloss verlassen mussten, diente es als Internat und Schule. Im November 1995 übergab das Land Brandenburg die Anlage an die Stiftung Preußische Schlösser und Gärten Berlin-Brandenburg, in deren Auftrag sie restauriert wurde. Seit 1998 ist es als Museumsschloss wieder zugänglich. Der 1830 nach Vorschlägen von Lenné geschaffene Park wurde wiederhergestellt.

Schloss Caputh, Fliesensaal

Albert Einsteins Sommerhaus

In dem schlichten Holzhaus, das Konrad Wachsmann nach Einsteins Wünschen entworfen hatte, verlebte der Wissenschaftler mit seiner Familie die Sommermonate.

Am Waldrand 15-17, 14548 Caputh
Wissenschaftliche Mitarbeiterin: Erika Britzke
Sa/So und Feiertags 13-16 Uhr
(letzte Führung 15.30 Uhr)
Erwachsene DM 6,-
Kinder ab 6 Jahre und Ermäßigungsberechtigte DM 3,-
Sonderführungen bis 15 Personen DM 100,-
Das Haus ist nur mit Führung zu besichtigen,
Führungen während der Öffnungszeiten halbstündlich
Auskünfte beim Fremdenverkehrsverein „Schwielosee" e.V.
Lindenstraße 56, 14548 Caputh, Tel. und Fax: 03 32 09-70 8 86
Bus 607, H Schumannstraße
Ecke Waldstraße/Potsdamer Straße
Nicht behindertengerecht

Das Sommerhaus von Albert Einstein wurde von dem Architekten Konrad Wachsmann entworfen und in der Holzhaus-Fabrik Christoph & Unmack Aktiengesellschaft als Fertigteilhaus erbaut. Im Mai 1929 begannen die Planungen, bereits im September gleichen Jahres konnte das zweistöckige Holzhaus auf massivem Unterbau bezogen werden.

Hier verbrachte Einstein mit seiner Frau Elsa, seinen beiden Töchtern, seinem Schwiegersohn und seiner Haushälterin die Sommermonate von 1929 bis 1932. 1933 kehrte Einstein von einer USA-

Einsteinhaus

Vortragsreise nicht mehr nach Deutschland zurück. Bis zur Beschlagnahme durch die Nationalsozialisten wurde das Anwesen durch das jüdische Kinder- und Landschulheim Caputh genutzt. 1936 erwarb es die Gemeinde Caputh. Heute verwaltet es die Gemeinde gemeinsam mit dem Einsteinforum.

Fotonachweis

Potsdam Tourismus:
Seiten 9, 29, 35, 38, 59, 70, 75, 76, 81, 98, 100/101, 137, 160,163, 170, 176/177, 187, 194, 207, 220, 239
SPSG/Klaus Frahm:
Seiten 18, 32, 40, 91, 97,104, 107, 108, 110, 123, 128/129, 132/133, 139, 142/143, 147, 157, 165, 169, 182/183, 184, 191, 199, 202/203, 205, 225, 228
SPSG:
Titel oben, Rücktitel, Seiten 21, 24, 26, 27, 28, 31, 34, 37, 39, 40, 42, 44, 45, 46, 50/51, 53, 56, 60, 63, 73, 92, 103, 112, 114/115, 118, 119, 120, 126, 145, 149, 153, 156, 159, 188, 203, 208, 215, 227, 233, 234/235, 241, 256/257, 261
Zinnfiguren-Kabinett:
Seite 65
Berliner S-Bahn-Museum:
Seite 217
Eric Brenckle:
Seite 236
Carmen Hohlfeld/Einsteinhaus:
Seite 243
Kontur:
Titel unten, Seiten 23, 223, 256
Filmpark Babelsberg:
Seiten 49, 212

Titel:	Schloss Sanssouci, Volkmar Thie
	Marmorpalais, Potsdam Tourismus
hinten:	Brandenburger Tor, Potsdam Tourismus
	Neuer Garten/Schloss Cecilienhof, SPSG
	Schloss/Pfaueninsel, SPSG
	Löwenfontäne/Park Glienicke, SPSG/Klaus Frahm
	Filmmuseum Potsdam, SPSG

WISSEN, WAS VOR IHRER TÜR PASSIERT.
DIE BERLINER MORGENPOST MIT DEM LOKALANZEIGER. JETZT KOSTENLOS TESTEN.
TELEFON: 0 800/198 2000
Mo. bis Fr. 6 bis 20 Uhr, Sa./So. 6 bis 14 Uhr
Zeitung der Deutschen Hauptstadt
BERLINER MORGENPOST
BERLINER ALLGEMEINE

Schloß Luisium

Stadtinformation

Potsdam Tourismus GmbH
Stadtinformationen, Prospekt- und Souvenierverkauf
Friedrich-Ebert-Str. 5, Postfach 60 12 20, D-14412 Potsdam
Tel. 03 31-2 75 58-0
Fax 03 31-2 75 58-99
E-Mail: information@potsdam.de
Hotel-Buchung, Hotline: Tel. 03 31/ 2 75 58-55

Für Gruppen: Am Neuen Markt 1, D-14467 Potsdam
Tel. 03 31-2 75 58-50
Fax 03 31-2 75 58-99

Stadtrundfahrten/-rundgänge
Tel. 03 31-2 75 58-77

Exklusiv Tourismus GmbH PotsdamH

Exklusiven Incoming-Dienst und Gäste-Service bietet Ihnen der Info-Laden und Ticket-Service von Exklusiv Tourismus.
Benkertstraße 17 (Holländisches Viertel), D-14467 Potsdam
Tel. 03 31-280 06 96, Fax 03 31-280 06 97
E-Mail exklusiv@potsdam.de www. exklusiv.potsdam.de

Aus dem Gesamtprogramm des L&H Verlags

	Titel	Euro/ DM	ISBN 3-928119-
Hamburg	Hamburg Kompakt/ Hamburger Museumsführer	15,90/31,10	69–9
	Hamburg Grün	12,40/24,80	39–7
	Hamburger Museumsführer für Kinder	4,90/9,80	19–2
	Hamburg literarisch	9,90/19,36	71–0
	Hamburg musikalisch – auf Spurensuche in der Neustadt	10,12/19,80	54–0
	Linie 36 – Hamburg-Tour in 38 Minuten	7,57/14,80	56–7
	Stadtführer für Notfälle. Hamburgs öffentl. Toiletten	10,12/19,80	58–3
	Weihnachten und Advent in Hamburg und Umland	10,12/19,80	59–1
	Hafenkante und HafenCity – Övelgönne bis Meßberg	29,65/58,–	63–X
	Das Rathaus der Freien und Hansestadt Hamburg	14,90/29,80	25–7
	Es begann 1676 – Hamburg. Geschichte. Feuersbrünste	29,65/58,–	67–2
	Beatles, Hagenbeck und Schopenhauer	9,90/19,36	68-0
Berlin, Potsdam, Brandenburg	Berlins unbekannte Kulturdenkmäler	z. Zt. vergriffen!	
	Berliner Museumsführer	12,78/25,–	41–9
	Berliner Museumsführer für Kinder	4,90/9,80	18–4
	Berliner Museen. Kurzführer Deutsch/Englisch	6,5412,80	50–8
	Berlin Grün. Die historischen Gärten und Parks der Stadt	15,24/29,80	51–6
	Linie 100 + 200 – Berlin-Tour in 33 Minuten	7,57/14,80	57–5
	Potsdam Grün/Offiz. BUGA 2001-Buch	10,12/19,80	64–8
	Ein Garten der Erinnerung/Karl Foerster	20,35/39,80	65–6
	Statuen in Potsdam	6,54/12,80	07–9
	Potsdam Kompakt. Museen, Schlösser, Parks	15,24/29,80	66–4
	Advent und Weihnachten in Berlin	8,60/16,82	70-2
Weitere Bundesländer	Museumsführer Schleswig-Holstein	6,40/12,80	11–7
	Schlösser und Gutsanlagen in Schleswig-Holstein	17,79/34,80	24–9
	Schlösser,Herrenhäuser u. Kirchen/Mecklenburg-Vorpommern	15,24/29,80	53–2
	Rhein-Ruhr Kompakt	15,90/31,10	60-5
	Das Gartenreich Dessau-Wörlitz	10,12/19,80	61–3
	Gärten & Parks in Sachsen	12,68/24,80	26–5
	Weimarer Museumsführer	10,50/20,54	48-6
KulturRouten Niedersachsen	Band 1: Hannover/Braunschweig	15,24/29,80	32–X
	Band 2: Harz, Weser- und Leinebergland	13,70/26,80	33–8
	Band 3: Osnabrücker Land, Emsland, Mittelweser	12,68/24,80	34–6
	Band 4: Ostfriesland, Oldenburg	12,68/24,80	35–4
	Band 5: Elbe-Weserdreieck, Bremen	12,68/24,80	36–2
	Band 6: Lüneburger Heide, Wendland	11,66/22,80	37–0
Deutschland	Erlebnis Handwerk	10,50/20,54	40–0
Wirtschaft	Aphorismen für Führungskräfte	15,24/29,80	22–2
Regionalmagazin	et-Magazin der Regionen/Sachsen-Anhalt	4,86/9,50	1615-5858

L&H Verlag, Deichstraße 27, 20459 Hamburg
Tel. 040/ 32 08 68 92, Fax 040/ 32 08 68 94
E-Mail: lh-verlag@t-online.de, www.lh-verlag.de

Auslieferung CVK, Postfach 10 02 71, 33502 Bielefeld

Gärten und Parks in Sachsen

Von Bernd Wähner

ISBN 3-928119-26-5

DM 24,80/ € 12,68

Das Gartenreich Dessau-Wörlitz

UNESCO WELTERBE

Von Thomas Weiss, Kulturstiftung DessauWörlitz

ISBN 3-928119-61-3

DM 19,80/ € 10,12

Hamburg Grün
Die Gärten und Parks der Stadt

Von Axel Iwohn, Martina Nath-Esser, Claudia Wollkopf

ISBN 3-928119-39-7

DM 34,80/ € 17,79

Berlin Grün
Die historischen Gärten und Parks

Von Anke Kuhbier, Klaus von Krosigk und Reiner Elwers
Herausg. Landesdenkmalamt Berlin

ISBN 3-928119-51-6

DM 29,80/ € 15,24

Potsdam Grün
Gartenkunst zwischen gestern und morgen

ISBN 3-928119-64-8

DM 19,80/ € 10,12

Ein Garten der Erinnerung – Leben und Wirken von Karl Foerster

Von Eva Foerster und Gerhard Rostin
Vorwort Harri Günther

ISBN 3-928119-65-6

DM 39,80/ € 20,35

Stiftung Preußische Schlösser und Gärten Berlin-Brandenburg

Am 1. April 1927 wurde die „Verwaltung der Staatlichen Schlösser und Gärten" zur Verwaltung und zum Schutz der ehemaligen Schlösser und Villen der Hohenzollern gegründet. Nach dem Zweiten Weltkrieg erzwang die politische Entwicklung eine Trennung der Schlösserverwaltungen in Potsdam und West-Berlin. Seit 1990 plante man die Zusammenführung der beiden ehemals preußischen Schlösserverwaltungen, die seit dem 1. Januar 1995 wieder vereinigt sind.

Generaldirektor: Prof. Dr. Hans-Joachim Giersberg
Schlösserdirektor: Dr. Burkhard Göres
Gartendirektor: Prof. Michael Seiler
Museumspädagogik und Besucherbetreuung, Abteilungsleiterin: Barbara Spindler
Information und Gruppenservice Tel. 03 31-9 69 42 00

Folgende Schlösser und Gärten gehörten in Potsdam zu SPSG:

Innenstadt
- Dampfmaschinenhaus (Moschee)

Park Sanssouci
- Park Sanssouci
- Schloss Sanssouci
- Bildergalerie
- Schloss Neue Kammern
- Historische Mühle
- Chinesisches Haus
- Neues Palais

- Schloss Charlottenhof
- Römische Bäder
- Orangerieschloss
- Friedenskirche
- Mausoleum
- Belvedere auf dem Klausberg

Neuer Garten und Pfingstberg
- Neuer Garten
- Marmorpalais
- Orangerie
- Cecilienhof
- Gotische Bibliothek
- Belvedere auf dem Pfingsberg
- Pomonatempel

Babelsberg
- Park und Schloss Babelsberg
- Flatowturm
- Jagdschloss Stern

Umgebung Potsdam
- Schloss Glienicke, schlossnahe Gartengebäude und Parkteile
- Schloss und Park Sacrow
- Schloss und Park auf der Pfaueninsel
- Schloss und Park Caputh

Besucherinformation

Beratung, Information und Führungsanmeldungen für Gruppen:

Besucherzentrum an der Historischen Mühle
Postfach 60 14 62, 14414 Potsdam
Tel. 03 31-96 94 200/ 201, Fax 03 31-96 94 107
Internet www.spsg.de
Beratung für individuell anreisende Touristen: 03 31-96 94 202
Beratung für behinderte Bürger: 03 31-96 94 194
Ansagedienst der Öffnungszeiten: 03 31-9694 203/204

Potsdam-Museum

Direktorin: Dr. Monika Bierschenk

Das Potsdamer Stadtmuseum ging aus dem 1909 gegründeten Museumsverein hervor. 1917 nahm eine städtische Museumsabteilung ihre Arbeit auf. Nach dem Ersten Weltkrieg gingen auch die Sammlungen in städtischen Besitz über. Die Sammlungen des Museums sind in verschiedenen Häusern der Stadt untergebracht.

- Hillerbrandtsche Häuser
- Ständehaus in der Breiten Straße (derzeit geschlossen)
- Museumshaus „Im Güldenen Arm"
- Gedenkstätte Lindenstraße, ehem. Staatssicherheitsgefängnis
- Gedenkstätte Potsdam und der 20. Juli 1944
- Museumshaus im Holländischen Viertel

Best Western®
Ihre BESTe Adresse in Potsdam
In unmittelbarer Nähe zum „Schlosspark Sanssouci“ und dem „Neuen Palais“ versprechen wir Ihnen einen erholsamen Aufenthalt „ohne Sorgen“.
Die Hauptstadt Berlin erreichen Sie in nur 20 Minuten bequem mit der Regionalbahn R1 vom 300 m entfernten Bahnhof „Park Sanssouci“.
91 komfortable, klimatisierte First-Class Zimmer mit Direktwahltelefon, Farb-TV und Minibar ■ Bäder mit DU/WC, Haartrockner und Schminkspiegel ■ Fintessbereich mit Sauna und Solarium Restaurant „Am Wildpark“ und Hotelbar ■ kostenfreie Parkplätze
Best Western Parkhotel Potsdam
Forststraße 80 · 14471 Potsdam
Telefon: (03 31) 98 12-0 · Fax: (03 31) 98 12-100
info@parkhotel-potsdam.bestwestern.de
www.parkhotel-potsdam.bestwestern.de

GARTEN praxis

Biosphäre Potsdam

Die Biosphärenhalle der BUGA 2001 in Potsdam ist der Mittelpunkt für eine in Deutschland einzigartige Naturerlebniswelt. Die Besucher begeben sich per Zeitsprung auf eine Erlebnisreise in die Region Potsdam vor 150 Jahren und die Erfindungen der großen Söhne der Region, die durch neueste Simulations- und Multimediatechnik umgesetzt wird.

Biosphäre, Georg Herrmann Allee 99,
14469 Potsdam
040-45068-0
040-45068-201
Internet: www.biosphaere-potsdam.de
ganztägig/ganzjährig ab Spätsommer 2002
Bahnanbindung.
Haltestelle vor dem Gebäude
200 Parkplätze am Haus, kostenlos
Voll behindertengerecht

Verborgen vor der Zeit...
Vergessen von der Welt...
Die Geheimnisse der BIOSPHÄRE...

So beginnt die Reise in eine einzigartige Naturerlebniswelt, die im Spätsommer 2002 in Potsdam eröffnet. Der Zauber der Natur, die Geheimnisse der Pflanzen- und Naturwelt, zusammengetragen aus den schönsten Regionen der Erde warten darauf, erforscht zu werden.
Der Besucher beginnt seine Reise mit einem Besuch in einem fantastischen Studierzimmer des 19. Jahrhunderts. Experimente, Utensilien und Forschungsberichte lassen den Besucher teilhaben an

den Ergebnisse jahrhundertelangen Bemühens, hinter die Geheimnisse der Natur zu blicken. Die Experimente laden ein, selbst in die Rolle eines Forscher zu schlüpfen, um die verborgenen Winkel des Studierzimmers und Labors zu enträtseln. Doch es ist nur der Ausgangspunkt für eine Reise, die die Welt fast vergessen hat...
Nach einer rasanten Fahrt durch die unterirdischen Kammern des Studierzimmers erscheint blendendes Licht am Horizont – und der Besucher steht inmitten eines Mangrovensumpfes. Ein Wasserfall rauscht, in den Höhen zwitschern Vögel – die Welt, unsere BIOSPHÄRE, von Ihrer schönsten Seite. Tropische Pflanzen des Regenwaldes, haushohe Bäume und winzige Orchideen. Überall laden Forschungsstationen inmitten der Natur ein, tiefer hinter die Geheimnisse und die Schönheit der Natur zu blicken. Der Besucher ist so Teil der Geschichte und des Erlebens, kann auf eigene Faust inmitten der Pflanzen- und Tierwelt eigene Experimente durchführen und verfolgen.
In luftigen Höhen, vorbei an einem Baumhaus, haben die Besucher die Möglichkeit, weit über den Baumwipfeln auf einem hölzernen Steg, die Welt aus einer anderen Perspektive zu erfahren.
Die Unterwasserstation gewährt einen atemberaubenden Einblick in die tiefen des Sees. Ein Blick nach oben durch das gläserne Dach, und Seerosen und Fische erscheinen auf einmal ganz neu. Wie überall in dieser Naturerlebniswelt gibt es auch hier viel zu erforschen und entdecken. Experimente, fremdartige Apparaturen und viel Wissenswertes erwarten die Besucher.

Bitte beachten Sie auch unseren Hinweis auf Seite 19.

Und damit bei allem Forschen, Staunen und Entdecken das leibliche Wohl nicht zu kurz kommt, befindet sich in der BIOSPHÄRE ein zauberhaftes Restaurant im Stil des 19. Jahrhunderts. Hier auf der lichtdurchfluteten Hochterrasse zwischen der Naturerlebniswelt BIOSPHÄRE und der wunderschönen Parklandschaft des ehemaligen BUGA-Geländes, können die besucher bei Kaffee und Kuchen oder kulinarischen Köstlichkeiten der vergangenen Jahrhunderte das Erlebte noch einmal Revue passieren lassen.

WIR SIND DAS ORIGINAL
Winterharte Blütenstauden • Wasserpflanze
Gewürzkräuter • Gräser
Farne • Rhododendren
Laubgehölze • Koniferen
Sämereien • Terrakotta
Gartenmöbel • Gartenerden • Pflanzendünger
Karl-Foerster-Bücher
Foerster Stauden GmbH
Am Raubfang 6
14469 Potsdam-Borni
Einkaufsgarten:
0331/56726-15
FOERSTER STAUDEN
SEIT 1910

Liniennetz Stadtverkehr
Potsdam

RE RB S Tram BUS F

Partner im:

VBB

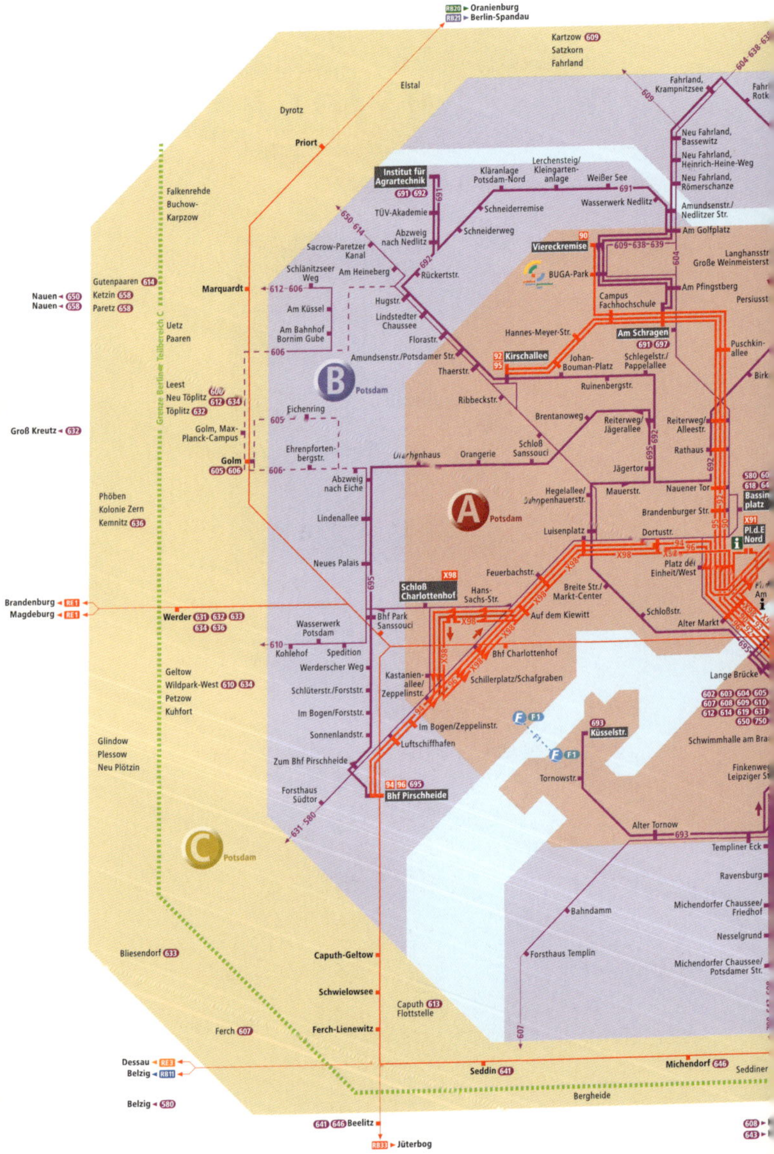

Legende

94 — Straßenbahnlinie mit Haltestelle, Haltestelle nur in Pfeilrichtung und Endhaltestelle

697 — Buslinie mit Haltestelle, Haltestelle nur in Pfeilrichtung und Endhaltestelle

606 — Regional-Buslinie mit Haltestelle, Haltestelle nur in Pfeilrichtung und Endhaltestelle*

RB22 — Linie des Regionalverkehrs mit Bahnhof und Endbahnhof

S7 — S-Bahn-Linie mit Bahnhof und Endbahnhof

F1 — Fährlinie mit Anlegestelle

DB — Fernbahnhof

* Regionalbusse fahren nicht alle Haltestellen an. Informieren Sie sich bitte in den Fahrplänen.

Information

Verkehrsverbund Berlin-Brandenburg GmbH
Hardenbergplatz 2, 10623 Berlin
(030) 25 41 41 41

ViP
Verkehrsbetrieb Potsdam GmbH
bis Mitte 2001
Holzmarktstraße 6-7
14467 Potsdam
(0331) 23 75-0

ab Mitte 2001
Fritz-Zubeil-Straße 96
14482 Potsdam
(0331) 66 14-0

ViP-Kundenzentren
bis Mitte 2001
Info-Telefon (0331) 23 75-275
23 75-276

ab Mitte 2001
Info-Telefon (0331) 66 14-275
66 14-276

Potsdam-Information
Friedrich-Ebert-Straße 5
14467 Potsdam
(0331) 27 55 80

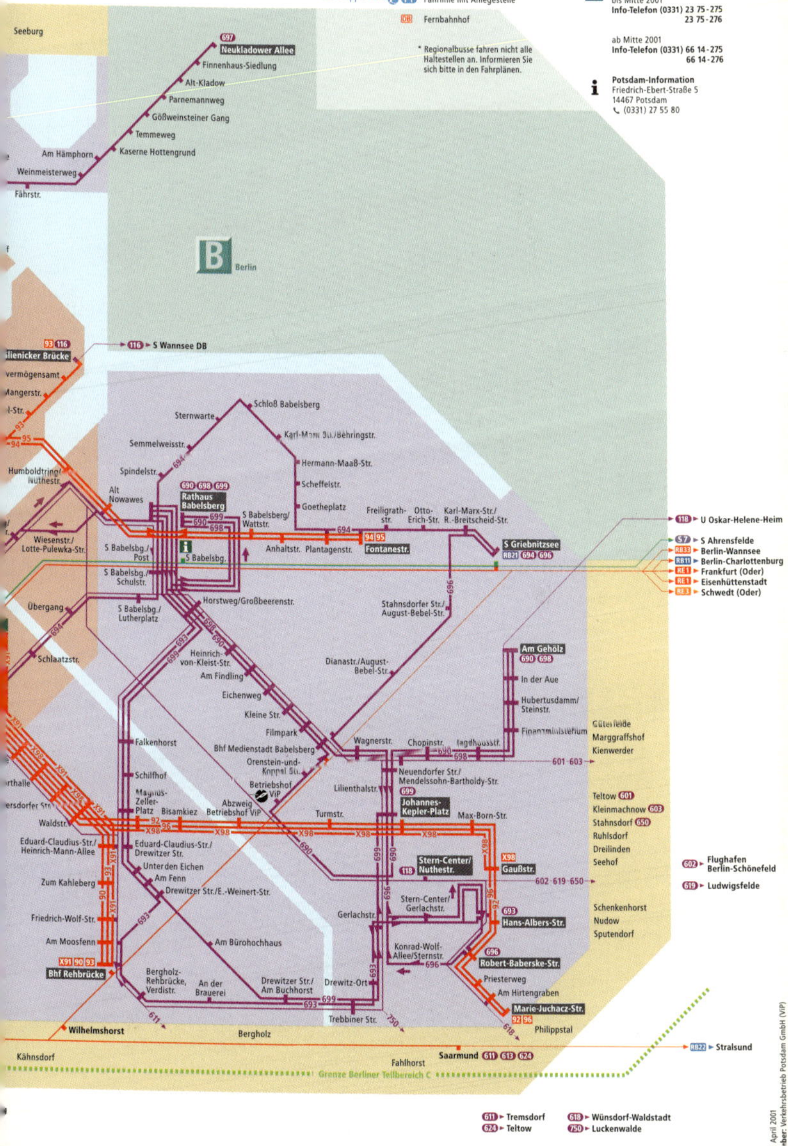

Stand: 8. April 2001
Herausgeber: Verkehrsbetrieb Potsdam GmbH (ViP)

Foerster-Garten
Modell-Kleingärten
Bornstedt
Born-stedter See
Bornstedter Friedhof
Krongut Bornstedt
Teufelsbrücke
Belvedere auf dem Klausberg
Drachenhaus
Orangerie
Botanischer Garten
Nordischer Garten
Historische Mühle
Schloß Sanssouci
Schloss Sanssouci
Neue Kammern
Bildergalerie
Neptungrotte
Sizilianischer Garten
Große Fontäne
Universität Potsdam/ Botan. Institut
Reiterstandbild Friedrichs II.
Ruinenberg
An der Einsiedelei
Park Sanssouci
Hauptallee
Antikentempel
Neues Palais
Freundschaftstempel
Chinesisches Haus
Schafgraben
Friedenskirche
Marlygarten
Park Charlottenhof
Römische Bäder
Schloss Charlottenhof
Maschinenteich
Hippodrom
Fasanerie
Brandenburger Vorstadt
Erlöserkirche
Bhf Park Sanssouci
Bhf Charlottenhof
Schloß Charlottenhof
Kirschallee
Geschwister-Scholl-Str.
Werderscher Weg
Feldweg
Maybachstr.
Zeppelinstr.
Schillerplatz
Lennéstr.
Ökonomieweg
Maulbeerallee
Lindstedter Weg
Lindenavenue
Am Neuen Palais
Potsdamer Str.
Pappelallee
Eichenallee
Katharinenholzstraße
Bornstedter Str.
Thaerstr.
Amundsenstr.
Zum Lausebusch
Das Kurze Feld
Schulplatz
Blumenstraße
Ribbeckstr.
Am Drachenberg
An der Orangerie
Prinzenspielburg
Am Grünen Gitter
Hans-Sachs-Str.
Meistersingerstr.
Nansenstr.
Clara-Zetkin-Str.
Sellostr.
Aufdem Kiewitt
17
18
19
20
21
22
23
24
25
26
27
29
30
31
32
33